「アメリカの『反中』は本気だ！」

アジア争奪の米中貿易戦争が始まった

宮崎正弘

ビジネス社

プロローグ　アメリカの中国敵視は本物だ

米朝会談はニクソン・ショックに匹敵

国際情勢に激変の波が襲っている。とりわけ中国の軍事力の脅威がもたらした東アジアの緊張、その脅威に関係各国がすくむ。この硬直状態にトランプ大統領は米朝会談を受け入れ、ドスンと大きな風穴をあけた。

トランプは北朝鮮の独裁者・金正恩《キムジョンウン》と「中国抜き」で直接対話をすると大博打に打って出た。直後には反対したティラーソン国務長官と経済政策で自由貿易を主張したゲイリー・コーン国家経済会議委員長らを解任し、政権中枢の中国派の影響を阻んだ。つまり中国宥《ゆう》和《わ》派がホワイトハウスから大きく後退した。そのうえで対中タカ派のポンペオCIA長官を国務長官に、ジョン・ボルトンを安全保障担当大統領補佐官に起用した。

金正恩は二〇一八年二月の平昌《ピョンチャン》五輪を口実に韓国へ代表団を送り込み、実妹を事実上の使節団長としてソウルへ赴かせた。北朝鮮は文在寅《ムンジェイン》・韓国大統領をして「四月末までに板門店における南北首脳会談」を約束させた。この唐突な「雪解け」演出を中国は驚きとともに「高麗連邦《こうらい》」の再来と捉え、南北朝鮮の統一への動きに緊張した。

なぜなら隋《ずい》・唐《とう》を脅かした高句麗《こうくり》の軍事的冒険に中国は大いに手こずった苦い経験がDNAに深く染みこんでいるからだ。

北朝鮮の軍事的冒険を防ぐために「瀋陽《しんよう》軍区」（現在の北部戦区）が存在した。目的は万里の長城から山海関までを守り、旧満洲を「東北三省」として封じ込め（清《しん》朝は満洲族）、さらに蒙古《もうこ》（元《げん》朝はモンゴル）の進撃を阻止するために黒竜江省と内蒙古省を複雑に区分けして行政の一本化を防いできた。

山海関は中国の政変劇の枢要な地政学的拠点である。

この関所を突破して清は北京に入城し明《みん》王朝を壊滅させた。つまり中国の地政学にとって満洲・蒙古の脅威への対応が第一義的な瀋陽軍区の目的であり、二義的には北朝鮮への睨《にら》みをきかせることであった。

ところが瀋陽軍区はいつのまにか江沢民《こうたくみん》派の軍人がトップを寡占し、胡錦濤《こきんとう》時代には北朝鮮との利権システムを構築し、密貿易に精を出すという反・北京の旗幟《きし》鮮明な地方軍閥化していた。習近平《しゅうきんぺい》にとって瀋陽軍区は鬼門である。

ただでさえ不穏な朝鮮半島情勢だったところへ南北朝鮮の首脳同士が会談し、しかも米国のトランプ大統領が中国を抜きにして金正恩とサシで話し合う？

習近平は国家副主席時代にピョンヤンを訪問している。そのときから不快感をにじませており、「われわれは現政権の安定というより、地域の安定を望んでいる」と金王朝に冷たいメッセージを送り続けた。

習近平は権力を握るや「反腐敗キャンペーン」と称して政敵の徐才厚《じょさいこう》と郭伯雄《かくはくゆう》（ともに中央軍事委副主任）と周永康《しゅうえいこう》（政治局常務委員）という三人の大幹部を失脚させ、旧江沢民派につながる軍人を大量に粛清した。このため旧瀋陽軍区においては習近平への不満は収まっていない。

過去一〇年間、習近平は一度も北朝鮮を訪問していない。それればかりか東北三省の軍事基地を視察しておらず、これまでに訪問した軍区は旧南京軍区と広東軍区ばかり。なにを恐れているかと言えば、ずばり「暗殺」である。昨秋、習近平が突然行った軍事パレードは東北三省の軍人の頭越しに、遠く内蒙古の演習場での開催だった。しかも外国の駐在武官もメディアも呼ばずに、フィルムは新華社からの下渡しだった。

トランプ大統領は、このような中国の内情と北朝鮮の思惑を忖度《そんたく》し、究極的に北朝鮮を中国に対峙《たいじ》させる有効な駒として使えないかを探る。すなわち米国の対中封じ込めの先兵として金正恩を使おうというのがトランプの究極の目的だったのではないのか。

南北朝鮮の突然の歩み寄りという大きな変化を目撃したトランプ大統領は、この状況の激変を逆利用して対応する。「五月末か六月までに北朝鮮の金正恩と直接の首脳会談を受け入れる」との発表はこうしてなされた。

金正恩のメッセージをワシントンへ口頭で伝えに行った韓国使節団が仰天し、日本は「梯子《はしご》を外されたのではないか」と疑心暗鬼になって、四月十七日に安倍首相は日米首脳会談のため米国へ飛んだ。「拙速だ」「金正恩に騙《だま》される」「素人外交ゆえに危なっかしい」と、トランプ大統領の衝撃の決定に対して、一斉に批判が巻き起こった。

このトランプの豹変《ひょうへん》ぶりに驚愕《きょうがく》し、当時同盟国だったドイツが抜き打ち的にソ連と不可侵条約を締結するに至り、平沼騏一郎《ひらぬまきいちろう》首相が「国際情勢は複雑怪奇」と迷言を吐いて辞任にしたように、独ソ不可侵条約の衝撃に比した日本のメディアもあった。

米朝首脳会談は実現するのかという疑問もあったが……

四月までは、米朝会談が予定どおり実現する可能性は五〇%、なぜなら金正恩が「トランプとの会談を望む」と本当に伝えたのかが疑問視されていた。しかし六月十二日、シンガポールで米朝首脳会談が決まった。

韓国の特使が北朝鮮へ行って、南北会談を板門店で行うことが決まったが、そのおりに金正恩が「非核化も含む議題で米国大統領と会談する意向があることをトランプ大統領に伝えてほしい」と口頭で発言したという。

「本当に、この発言があったのか。韓国側の創作ではないのか」と疑問符をつけたのがブルッキングス研究所のレポート（三月十四日）だった。ジュン・パク女史は同研究所のコラムで「この台詞は本当に金正恩の口から発せられたのか」と書いている。

またヘリテージ財団の報告では、ドタキャンあるいは延期の可能性に言及していた。同財団のコラムに専門家のブルース・クリングナーが寄稿し、「米朝首脳会談に関して、北朝鮮が公式な確認をしていないではないか」とやはり疑問を呈した。

考えてみれば不思議でホワイトハウスの中庭で、トランプと金正恩との会談を記者会見したのは韓国の特使団であり、トランプ大統領以下、閣僚たちは同席していない。韓国人代表団の会見のなかで「五月まで」という言及があるだけの記者会見だったのである。

にもかかわらずセンセーションが好きな報道が先走りを演じ、「会談前にせめてこれだけの前提条件（たとえば北に拘束されている三名のアメリカ人の解放）をつけよ」「制裁緩和を先に条件とはするな」などと喧《やかま》しい。いずれも首脳会談は行われるという前提での提言である。

トランプは中国に妥協的なティラーソン国務長官を電光石火に解任し、ついで知的財産権侵害への報復として中国からの輸入品に高関税をかける旨を発表した。これを受けたウォール街は大幅に株価を下げた。トランプの関心はすでに中国を向いている。日本のスタンスは「北朝鮮の絶対的な非核化」であり「検証が可能な、不可逆的な」条件を四月十八日の日米首脳会談でも米国とは確認し合った。

「蚊帳の外」に置かれた中国

おそらく一番慌てたのは何の相談もなかった習近平だろう。伏線にトランプ政権が従来の「同盟」の組み替えを意図した戦略上の変更があるのではないかと習近平は考えたに違いない。そこで習近平は急遽《きゅうきょ》、金正恩を北京に呼びつけた。北朝鮮の核開発をめぐる「六者協議」で主導権をとって、日本を露骨に蚊帳《かや》の外に置いてきた中国は、北朝鮮と共謀するかのように米国と日本を二度、三度と騙して、北朝鮮の時間稼ぎに結果的に協力してきた。北朝鮮がいよいよ核武装し、米国に届くミサイルを開発すると、中国は国連制裁に加わって、あたかも北朝鮮を締め上げる日米の強い政策圧力に協力的であるかのようなポーズを作ってきた。だが北朝鮮への密輸は絶えず、旧瀋陽軍区の軍人ならびにOBたちの幽霊企業や「多国籍」を装う船舶会社の運搬実態が露呈した。逆読みすれば、中国軍は習近平のもとに一本化していない証拠でもある。

こうした中国の不誠実に米国は腹に据えかねた。トランプの方針転換という急変劇は中国に一言の相談もなく、こんどは中国が「蚊帳の外」に置かれたのだ。中国の外交部も楊《よう》潔篪《けっち》国務委員も事前にトランプの激変ぶりを予測してはいなかった。米国の国務省も国防省もトランプ大統領の発言に驚きを隠せず、CIA（中央情報局）もFBI（連邦捜査局）も事前にトランプの方針転換を予測していなかった。

決断は迅速だった。大統領執務室での韓国の代表団との面接にはマティス国防長官、ケリー首席補佐官もマクマスター安全保障担当補佐官（当時）も同席していた。一般的に外交のベテランだと、まず省内を説得し、閣内を統一し、周辺国とりわけ同盟国に根回しをしたうえで決断にいたる。トランプ大統領はこの外交回路をすっ飛ばした。大事なことはすぐに決断するべきというディール感覚が彼を暴走させた。

直前にトランプは主として中国からの鉄鋼、アルミにそれぞれ二五％、一〇％の高関税をかけると宣言し、大統領命令に署名した。対中貿易戦争宣言である。このため中国は周章狼狽《ろうばい》し、劉鶴《りゅうかく》をすぐに米国に派遣したが、成果はなかった。米国は劉鶴を冷遇した。他方、日豪加など一一ケ国は米国抜きのTPPを成立させたが、米国は音無しの構えだった。

中国は虎の子の米国輸出が急減することを恐れ、対米交渉陣の立て直しを意図して、開催中の全人代で王岐山《おうきざん》（「火消し請負人」という異名をとる）を国家副主席に選出した。

つまり王岐山を対米交渉のトップに据えたのだ。前国家副主席の李源潮《りげんちょう》は引退へ追い込まれた。李源潮は江蘇省書記を経て政治局員だったが、第一九回党大会で外され、団派としては胡春華《こしゅんか》に託するしか選択肢はなくなった。汪洋《おうよう》は政治協商会議主席という閑職に回された。数年前から米国は連邦政府職員ならびに連邦政府の施設での中興通訊（ZTE）と華為《ファウェイ》技術製品の使用を禁止してきた。さらに華為技術と取引関係が深く、「中国の代理人」の疑いの濃いブロードコムの米社クアルコム買収を「国家安全保障」を理由に拒否した。

米中貿易戦争を予測するウォール街では連日株価下落に見舞われたが、トランプは反ウォール街の旗手ラリー・クドローを大統領国家経済会議委員長に選出し、対中対決の姿勢を鮮明にした。

トランプは北朝鮮の逆利用を考えたのではないか

一九七一年七月十五日のことを筆者は昨日のように覚えている。

米国大統領リチャード・ニクソンはソ連を封じ込める効果的手段として、同盟関係を組み替え、それまで敵対してきた中国を梃子《てこ》とすることを思いつき、突如北京を訪問すると発表した。世界に「ニクソン・ショック」を与えた。

トランプは深くニクソンを尊敬する大統領であり、オバマの「戦略的忍耐」を批判し、「あらゆる選択肢は卓上にある」として北朝鮮制裁を強化してきた。世間は「経済制裁が効いた結果だ」とトランプとの直接対話に乗り出さざるをえなくなった北朝鮮の孤独を言ったが、同時に多くの分析は「中国派の張成沢《チャンソンテク》を処刑し、実兄をマレーシアで殺害した非情な人間が、まじめに非核化などを考えるはずがない。時間稼ぎに騙されるな」という意見が圧倒的だった。

しかしトランプは外交の実績とか道筋とか玄人好みのノウハウとかを度外視し、基本的なことを考えたのだ。

最終的な米国の敵は中国である。

その中国のパワーを減殺させるためには、いたずらに直接的な貿易戦争、技術移転阻止、スパイの摘発、中国企業制裁だけでは効果があがらない。げんに中国は南シナ海を支配し、戦後の世界秩序を大きく変えてしまった。

つまりこういうことである。北朝鮮が核兵器を所有した意味は、対米もさりながら中国からの完全な自立を意味し、米国東海岸にも届くミサイルの完成は、中国の全域を射程に収めたという意味である。金正恩はこれからは中国と対等に口をきき、中国の奴隷でないという意思表示をしたのである。

あまつさえ米国の議会もメディアに代表される世論も、突然変異のように反中国路線に変貌《へんぼう》している。

こうした中国の増長に対して、日米も欧州も、いやアジア諸国もロシアも、決定打を欠いた。ならば状況を変える突破口として、トランプは米朝会談という「トランプ」（切り札）カードを切ったことになる。

日本は「北朝鮮の核と共存する覚悟はあるか」

ウィリアム・ペリー元国防長官（一九九四〜一九九七）ほど日本と縁が深い政治家もめずらしい。そもそも黒船来航のペリー提督は五代前の伯父にあたる家系である。

クリントン政権下で国防長官（カーター政権でも国防次官）のときペリーは頻度激しく来日し、引退後は、「日本経済新聞」に「私の履歴書」を連載。勲一等旭日大綬章も授与されているほどだ。

そのペリーは北朝鮮との交渉の責任者だった。もともと数学、工学専門で、ミサイルの軌道の数式などお手のもの、現在はスタンフォード大学で教鞭《きょうべん》をとり、重要な政局の節目には独自の見解を披瀝《ひれき》する。

ペリーは現職時代、来日したときの記者会見で、「北朝鮮の核と共存する時代がくる」と予言し、「その覚悟はあるのか」と日本の対応を促した。ところが平和ボケの日本の政治家はペリーの言葉を理解しかねた。

ペリーは「ワシントンポスト」(二〇一八年三月十二日)に寄稿して、次のような提言をなした。

「北朝鮮との交渉において留意すべき第一は、かれらは体制の維持と延命をあらゆる課題より優先させていること。第二に指導者は残虐で無慈悲であるが、クレージーではない。合理的思考ができる人たちである。第三にかれらはイデオロギーなどまったく信じていない。倫理や道徳に顧慮する気配はないが、思考方法はきわめてフレキシブルである。そして第四にかれらは経済発展に重大な関心を抱いているとはいえ、経済的利益と体制の維持という優先課題とを取引することはない」

したがって米国が北朝鮮に対して、実現不可能な、非現実的な条件を示して交渉に臨むと失敗するだろう。北朝鮮の「非核化」は検証が困難であり、事実上、不可能である。つまりペリーは「北朝鮮の核」と共存を考えるべきだろうと示唆しているのである。

なぜなら米国は核開発凍結、軽水炉援助などを条件に北を援助したが、一九八五年、一九九二年、一九九四年、二〇〇五年、そして二〇一〇年の交渉でみごとに騙された。

米中激突、そのとき日本とアジアはどうする

トランプが金正恩との会談に前向きという劇的な姿勢の変化の背景には米国の対中国認

識の大きな変革があり、いまや米国は朝野を上げて反中国に傾斜しているのである。

過去四〇年間、米国は中国を国際社会に加え、WTOという貿易システムに巻き込むことによって経済発展が実現すれば、中国は民主化するという、誰が言い出したかわからない新興宗教のような「神話」に取りつかれてきた。しかしGDP世界第二位となった中国が自由民主社会の実現どころか正反対に軍事力をとめどなく増強させてきた。その反面で、一四億の人民を情報管理して統制下におき、まして民主社会をせせら笑うかのように習近平は独裁体制を構築して時代を逆戻りさせた。

米国は自分たちの過去の政策の間違いを深刻に認識するにいたる。昔の米国がとった「中国封じ込め」（コンテインメント）からニクソン、カーターを経て「関与政策（エンゲージメント）」に転換し、レーガン以後は、その中間的な「コンゲージメント」（封じ込めつつ関与する）政策に終始してきた。その結果、中国はつけ上がり、米国と太平洋を二分しようなどと豪語するようになった。

オバマ政権後期になって、ようやく米国は「アジア・ピボット」、「リバランス」などと言い出し、中国とは敵対的になったが、トランプ政権も中盤にさしかかって、ようやく「封じ込め政策」を表に出した。

対中政策の巻き戻しは、必然的に周辺国への関与の姿勢が変革されることになる。

日本にとっては、この米国の変化への対応が迫られる。

トランプ大統領は日本、韓国、台湾に防衛負担増強を要請し、またアジア各国の米国離れにおっとり刀で対抗策を打ち出した。軍事予算を劇的なまでに増やし、アメリカ・ファーストの軍隊は、世界一のポジションを確保するとした。ついで敵対してきたベトナムのダナンに空母を寄港させた。

現在のアジア諸国において米国と密接な絆《きずな》を持つ国は日本、韓国、台湾とベトナムであり、完全に中国側に転換したのはラオス、カンボジア、マレーシア、タイ、ミャンマー、そしてブルネイである。両天秤《てんびん》にかけての様子見がフィリピン、インドネシア、シンガポールという色分けになるだろうけれど、はっと気がつけば、南アジアではインドが保護してきた周辺国のネパール、バングラデシュ、スリランカ、パキスタン、モルディブが中国寄りへの傾斜という実態に驚愕の声をあげたように、米国はいま、アジアにおいて米国の同盟国が減って、中国サイドに急傾斜している国々のおびただしさという現実（リアル）を目撃し、外交の転換を熟慮してきた。

したがって反中国という米国の姿勢は、共和党タカ派のみならず民主党の多くも、そしてリベラルなニューヨークタイムズの論調もそういう方向へ変質しているのである。

プロローグ　アメリカの中国敵視は本物だ

第一章　「中国の罠」に猛反発する世界

第二章 本当にヤバイ朝鮮半島と台湾海峡

第三章　中国に奪われるASEAN一〇ケ国

第四章　中印激突！　危機迫る南アジア

中国へのアジア諸国のスタンス

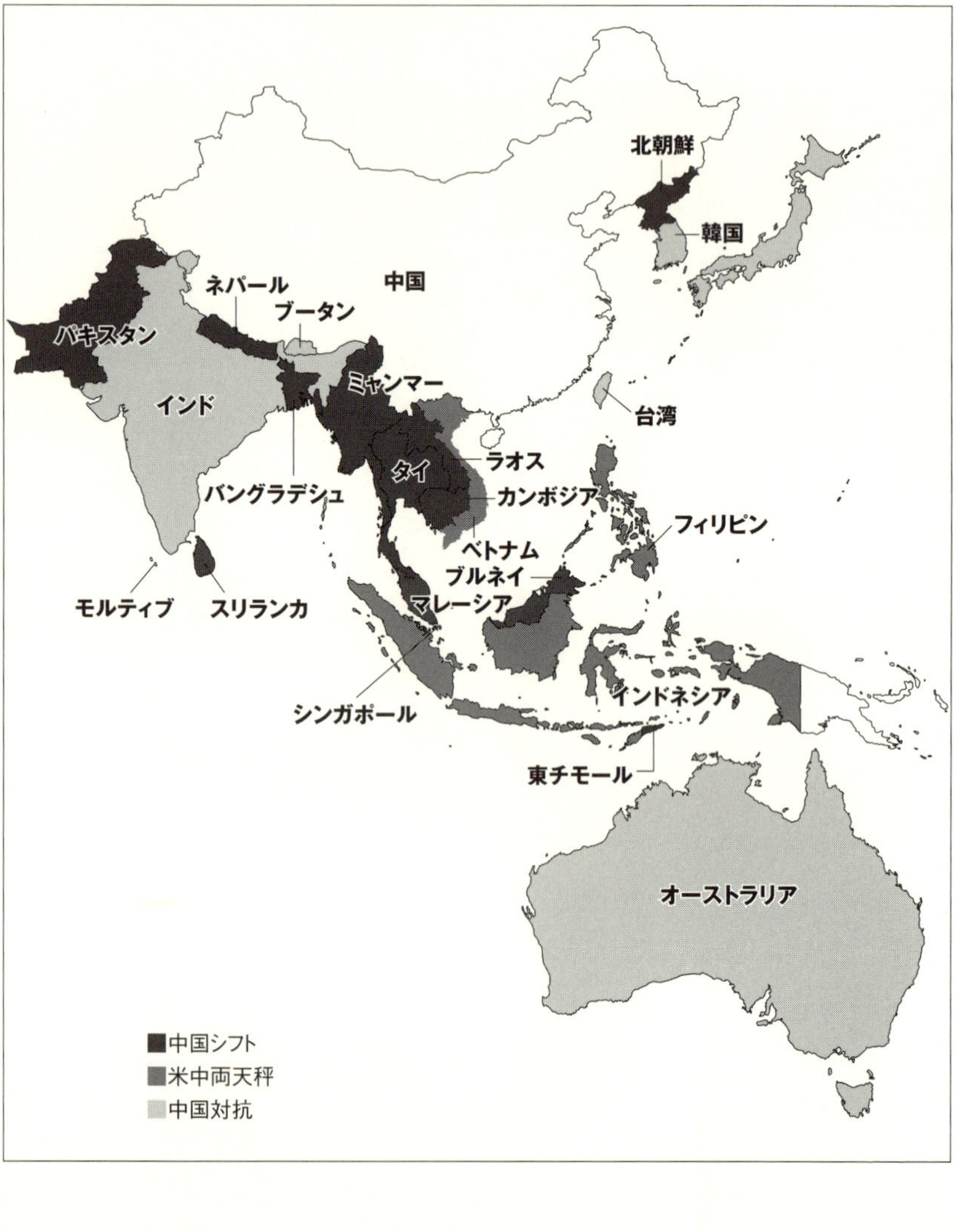

第一章

「中国の罠」に猛反発する世界

仁川のチャイナタウンでは中国資本が目立つ

クアラルンプールのチャイナタウンの早朝風景

シルクロード・イルージョン（絹の道幻影）

中国の世界戦略の中軸に据えられたのが「シルクロード」という大プロジェクトの実現であり、札束外交をもって地域的なヘゲモニーの確立をもくろんでいる。

中国が具体化しようとしている「シルクロード構想」の当面の投資金額の合計は八兆ドルに達する。構想段階の青写真を含めると、総額は二〇兆ドルになる。

シルクロード事業の中国語は「一帯一路」。英語表記はONE BELT ONE ROAD（略してOBOR）。この春からはBRI（Belt Road intiative）になった。この一帯一路は相手国も裨益《ひえき》するから双方にとっての「ウィンウィン戦略だ」と中国はどでかい風呂敷を拡げてきた。関与する国々は世界で六八ヶ国となり、世界のあちこちでクレーンが唸《うな》り、セメントが流し込まれ、中国から派遣された現場労働者が汗水を流している。そして中国人労働者のいる建設現場付近では犬も猫もいなくなった。

ところが、中国にとっては順風満帆ではなくなった。

一部の現場では工事中断、ベネズエラの新幹線は工事頓挫《とんざ》、鉄骨はさび付き、労働者は去った。インドネシア新幹線は用地買収が進まず、約束した二〇一九年開業は実現不可能となり、米国新幹線はワシントンが拒否し、ニカラグア運河も着工早々に資金不足に陥っ

コロンボの港（この左後方の沖合に中国が人工島を建設中。写真は全て筆者撮影）

て工事停止となった。これらマイナスの報道は中国ではなされていない。

「シルクロード」などと砂漠の駱駝《らくだ》隊商のようなロマンティックなイメージがBRIには附帯したが、実態はと言えば「阿漕《あこぎ》な高利貸し」だった。

中国の言う「一帯一路」は、中国が相手国もすごく儲《もう》かると持ちかけて強引にカネを貸し、担保をしっかり取ったうえで、当該国がカネが返せないとわかると担保権を強引に行使するところが中国流の遣り方である。

すでにスリランカのハンバントタ港は中国海軍の潜水艦中継基地となり、九九年の貸与が認められた。パキスタンのグワダル港も四三年間の貸与。紅海の入り口に位置するジブチには中国が一万人規模の軍事基地を構築した。

キルギスは二〇一六年の外国借款の七一％が中国から、ジブチは八二％、ラオスの対中負債は六七億ドル。この列にはモルディブ、モンゴル、タジキスタン、モンテネグロなどがリストアップされた。

ついでに言えばアフリカも中国の経済植民地化しようとしている。

三月に発表されたマッキンゼーの調査では、アフリカ大陸に進出した中国企業（はっきりと中国人がオーナーと登録されている企業だけで）は一万社。なかには一五〇〇名の現地人を雇用する建設会社もある。これら多くは中国人の「移民」である。系列にアフリカ現地子会社を抱えているところも目立つため、こうした「中国系」を含めると二万社を超えるのではないかと米国のアフリカ研究者らが見積もる。米国が神経を尖《とが》らせるのはジブチである。米軍基地の隣に中国は軍事基地を建設し、すでに数千名が駐屯、近い将来に一万人規模になって、以後、アフリカ東海岸進出の拠点とするからだ。

米海兵隊のトーマス・ウォルドハイザー提督は「明らかに中国はアフリカ沿岸諸国への軍事的プレゼンスを強めようとしている。西側にとって脅威となりかねない」と警告しており、またティラーソン国務長官（当時）は「中国からの負債と引き換えに、アフリカ諸国は主権を喪失している」と述べた。

ＩＭＦはこれら「負債超過リスク」を抱えた国々に対して警告を発したが、もう遅い。負債返済が滞ることは眼に見えており、ましてＩＭＦに融資を中止させる権限はない。世界に負債リスクは拡大し続ける。中国の貸しはがしは強引であり、相手国の経済発展とかの謳《うた》い文句を顧慮するような配慮はない。

それなのになぜ、アジア諸国は強力な地場に引き寄せられたように中国の負債の誘惑に負けたのか？

中国の政治宣伝の巧みさと、国際会議を舞台に執拗《しつよう》に行ってきた一帯一路のキャンペーンが奏功したからである。とくに二〇一四年十一月十日から開催された北京ＡＰＥＣではアジア諸国が重視する日本の安倍首相を習近平は軽く扱い、ロシアと韓国を表面的に褒めそやし、しかし習近平はオバマ大統領（当時）とは一〇時間も時間を割いての特別待遇。露骨なほどの「朝貢外交」を誇示した。引き続きミャンマーで「ＡＳＥＡＮ首脳会議」が開催され、「航海の安全」「国際法により平和的解決」が明確に謳われたが中国はカエルの面に何とかだった。

これが中国の増長への転換点だったか。

米国の対中政策大転換の萌芽《ほうが》が、この時点から生じていた。

現実に習近平は直後の豪国会演説で「武力不行使」をとってつけたようにのべた。引き続き「日豪米三ケ国首脳会議」で「安全保障上の協力」が強く唱われ三ケ国の共同訓練、装備品の開発など国家安全保障に関しての文言が前面に出た。共同文書には「海洋を巡る紛争の国際法に準拠した平和的解決と航行の自由の確保」が銘記された。ただし中国を名指しすることは避けられた。これら一連の国際会議で中国の孤立ぶりが同時に明らかとなった。

周章狼狽した中国はこのとき以後、作戦を変え、気味の悪い微笑作戦に転じた。アジアに壮大なプロジェクトを持ちかけ、出資も低利で行うと懐柔策に出たのである。

メコン・デルタが最初の目標

メコン地域はラオス、タイ、カンボジアの三ケ国が中枢にあって、ここにミャンマーとベトナムが加わった五ケ国でGMS（大メコン圏会議）が構成されている。

タイ、ラオス、カンボジア三ケ国は、それぞれ政治的戦略に関しての温度差はあるものの、中国とはとくに親しく、またベトナムを嫌うことで共通する諸国である。とくにタイではタクシン、インラックと続いた親中政権が軍事クーデターで崩壊し、政権を掌握したタイ軍が何を考えているか不明瞭《ふめいりょう》だった。しかし中国が持ちかけたのはタイ南北を縦断す

これがラオス国境に出現した巨大なチャイナタウンだ

る総距離八〇〇キロの鉄道建設プロジェクトだ。

ミャンマーでは南北を縦貫するパイプラインが中国の工事で完成した。

ベトナムとは表面的ににこにこしているが、お互いが牙を研ぎすぎすした関係になり、またラオスは北部にカジノやら大規模なチャイナタウンが建設された。三角地帯では麻薬ビジネスとマフィアの暗躍が伝えられる。筆者も行ってみたが、ラオスと中国の国境地帯はすでに巨大なチャイナタウン化している。

カンボジアは外交面で中国の代弁発言も多かった。フン・セン首相は「中国の代理人」と言われた。

プノンペン市内の摩天楼は中国が建てている。友好橋も建設したが、幹線道路などは日本の協力が大きく、しかも従来のカンボジア援助は日本が最大だった。これらの詳細は次章で詳細にわたって検討する。中国は巨額投資をもちかけることでアジア諸国の対日関係に楔《くさび》を打ち込もうと躍起になった。

しかし二〇一七年から中国のもくろみは蹉跌《さてつ》が目立つようになった。主因は中国の外貨払底である。

楼継偉《ろうけいい》（前財務相）は「金融危機が世界規模のクラッシュになる」と警告を発し、中国の金融システムは「機能せず、厄介で、散漫で、歪《ゆが》んでいる」と述べるに及んで動揺が広がった。「現在の中国の金融制度危機は、リーマンショック前の米国が直面した危機より、はるかに高いものになる怖れがある」。

楼継偉は二〇一三年から一六年まで、財務相として各種の金融制度改革に携わり、現在は「中国社会保障基金」の理事長。

この楼発言は北京で開催された「第一六回企業発展論壇」の席上でとびだしたもので、同時に楼継偉元財務相は、「朱鎔基《しゅようき》元首相時代、中国の金融政策はじつに適切であり、朱首相は中国の経済発展の礎となった金融制度の整備に尽力した」と朱を激賛した（多維新聞、二〇一八年一月三十日）。

中国の通貨供給量（M2）は米国の二倍、銀行間利子は米国が一・一％に対して、中国は四・〇九％もあり、国際的に見ても制度の歪みは明らかである。影の銀行《シャドーバンキング》やネット上の金融など当局の管理をこえた領域での金融ビジネスの広がり、地方政府の債務の膨張など「不適切」な政策であり、習近平政権はなによりも金融制度の適正化に取り組む必要があると楼継偉が述べたことを中国の経済メディアが大きく取り上げた。

中国銀行監査委員会は一二の金融機関に対して融資上の違反行為をとがめ、合計三億一五〇〇万ドルの罰金を課した。中国の中央銀行である中国人民銀行は、シャドーバンキング的な金融業務へ査察監査をさらに強めるとした。

このような報道の行間からも中国経済の内部が崩壊現象を起こしている事態が推察できる。

「フォーブス」の財閥ランキング二五傑に五名の中国人

堤義明《つつみよしあき》（当時西武鉄道とプリンスホテルチェーンのオーナー）はかつて「フォーブス」の世界財閥ランキングで世界一だった。

日本のバブル経済を背景に保有する不動産と株式の時価総額を勘案した結果で、換言すれば不動産は価格が暴落して簿価が急落すれば保有資産は激減し、株式は暴落すれば紙くず同然となる。堤義明は一九八七年から一九九四年の間に、じつに六回も「世界一」と評価された。いまは、ツツミヨシアキって誰？

同様に世界の財閥リストは有為転変が激しいが、その時点での沸騰するビジネスが何か、斜陽産業は何かがわかるので、経済指標の一方のメルクマールである。

二〇一八年度の恒例「フォーブス」の世界財閥ランキングで一位はビル・ゲイツ（個人資産九〇〇億ドル）から「アマゾン」のジェフ・ベゾス（個人資産一一二〇億ドル）に交代した。三位はウォーレン・バフェットで八四〇億ドル。

世界財閥ランキング二五傑のうち五名が中国人である。日本の孫正義《そんまさよし》などは、はるか後方である。

しかし有為転変が激甚な世界である。二〇一六年まで中国財閥一位だった万達集団の王《おう》健林《けんりん》は埒外《らちがい》に陥落して、リストから姿を消した。万達集団の窮状をみかねたか、あるいは共産党の命令なのか「これぞチャンス」と便乗したのがテンセント、融創集団、蘇寧雲商集団など四社で、万達に対して合計五八〇〇億円の出資に応じた。これで有利子負債を軽減し、不動産部門の子会社の上海株式市場への再上場を狙《ねら》うという。

王岐山との深い関係が取りざたされた「海航集団」も海外企業の買収案件のほとんどが頓挫した。それればかりか借入金の償還を間近にひかえて資産売却を加速化させている。海航集団は昨年購入したばかりの香港の一等地を香港デベロッパー第二位のヘンダーソンランドに売り逃げた。これは旧啓徳空港跡の宏大な土地を五区画に分けてマンション群を建てるという香港の都市計画。海航集団はこのうちの四区画を購入していた。背に腹は代えられないとばかりに貴重な二区画を売却した。購入時の価格は一四三億香港ドル。売却は一六〇億香港ドル。ついでもう一区画を香港のデベロッパーに売却した。

絶好調と言われ、日本のシャープを買収し、ついでにCEO（最高経営責任者）の郭台銘《かくたいめい》が訪米してトランプ大統領とも約束した鴻海工業とて、米国への大工場建設が法螺話《ほらばなし》に終わる可能性なきにしもあらずだ。というのも鴻海の株安が止まらず年初来二〇％の値崩れを起こしている。ネット動画配信の大手「樂視」の株安も止まらず、上場時の株価の三分の一に陥没、米国のEV工場建設という強気の投資が裏目に出たといわれ、主力部門の売却に迫られている。ほかにも事例をあげれば際限がないが、ことほど左様に中国の多くの新興成金たちの壮大な夢も邯鄲《かんたん》の夢となりつつある。

つまり中国全体で資金繰りがあやしくなってきたのである。

アリババの馬雲（ジャック・マー）は中国ランキングで二位の座を確保したが、テンセントのポニー・マーに抜かれた。

常連の馬雲、馬化騰（ポニー・マー、テンセント）、李嘉誠《りかせい》（香港最大財閥「長江実業」のボス）、李兆基《りちょうき》（ヘンダーソンランドCEO）にまじって新顔の楊恵妍《ようけいけん》という女性がデビューした。

彼女は三六歳の才媛、オハイオ州立大学卒業。中国の不動産王といわれる「碧桂園」の創業者、楊国強《ようこくきょう》の娘である。つまり遺産相続というかたちで同社の五七％の株式の譲渡により、時価総額が評価されて、いきなり世界第二三位に顔を出したというわけだ。馬雲と馬化騰、二人あわせての時価総額評価で個人資産は八四三億ドルでビル・ゲイツには及ばないのだが、中国のＩＴビジネスも不動産もブームが去ると、やがて「第二のツツミヨシアキ」になる可能性が高いと言えるだろう。

明暗が分かれた中国人大富豪

かくして中国人大金持ちたちの運命も、その明暗が分かれた。

中国最大財閥だった万達集団は旗艦ビジネスであるワンダホテル・チェーン、映画館、テーマパークという黄金の保有資産を九三億ドルでライバルに一挙に売却し、債務超過に陥っていた借入金の一部返済に充てた。恒例「フォーブス」の長者番付から王健林の名前は消えた。

万達集団は次に英国、米国、豪で展開してきた海外事業を見直し、およそ五〇億ドルの資産売却をなす。

二〇一六年に香港の豪華ホテルから拉致《らち》され、中国で拘束されている肖建華《しょうけんか》の消息は、その後一切聞かれなくなった。

彼は共産党幹部、その家族親戚《しんせき》の面妖《めんよう》なペーパーカンパニーがからむインサイダー取引の総元締めと言われ、その背後にいたのが、米国に逃亡した郭文貴《かくぶんき》である。

明天証券は香港を拠点とした肖建華のホールディング企業で、およそ一〇〇〇を超える「有望な」中国企業（A株として上海、香港で上場）に分散投資していた。その資産は二三七億ドルと言われた。いきなり捜査の手を入れると一〇〇〇を超すA株企業に悪影響が出る。慎重に、市場動向を睨《にら》みながら、事を運ばなければいけない。当局はようやく動きを見せた。倒産させるには大きすぎるのである。肖建華が拠点として明天集団の傘下にあったいくつかの証券会社を、最近になって売却させた事実がわかった。

こうして債務超過に陥った中国企業（万達集団、海航集団、安邦保険など）に資産売却を急がせて市場への悪影響を軽微に抑え、しかるのちになんらかの措置を講じる。おそらく国有企業に最後は安価で売却させ、経営陣は総退陣。再建成功などと称して株式をふたたび上場させるという手段が考えられる。

安邦保険の呉小暉《ごしょうき》の場合、処分の遣り方が異なった。海外に持つ膨大な不動産の売却（そのなかにはNYウォルドルフ・アストリアホテルも含まれる）と、これまでに買収した海外企業の売却で借り入れ返済をさせたうえで国有保険企業が傘下におさめるという手はずが整った。保険は三〇〇〇万余の中国国民が関与しているためつぶせないからだ。海外資産を売却させ、不法な資金洗浄による資金流失の手口を聞き出して裁判に付したのは「見せしめ」を狙っているのだろう。

暴動寸前で国防費より高い国内治安対策費

最新の中国国家統計局公表の数字に拠れば中国の「ジニ係数」は〇・四六七である。つまり中国の富の半分近くがわずか一%の特権階級によって独占されている衝撃的データであり、中国政府がおおやけにこれを認めたということである。この数字は控えめなもので、本当は〇・六という統計が複数の大学シンクタンクから提出されている。

一般論として、もしジニ係数が〇・四を超えると、内乱か反政府活動が本格化すると言われる。中国の治安対策費は国防費よりも多額であり、そのうえ防犯カメラを全土津々浦々に設置し、あげくにはビッグデータで国民一人ひとりを監視しているため、反政府活動はしづらい。けれども国民の憤怒が爆発し、ローンウルフ型テロ行為が頻発している。

そして、もっと衝撃的な数字が出てきた。

中国の国内治安対策費用が国防費より一八%も多いという驚くべき事実である。

前から指摘されてきたが、詳細のデータの発表がないので闇《やみ》のなかだった。国防費とて、ロケット開発などは、科学費用に算入されており、実際の中国人民解放軍の予算は公表数字の二倍以上、おそらく三倍と言われる。

その国防費よりも多額の予算配分が国内治安対策である。

二〇一四年のウルムチ暴動以降、新疆《しんきょう》ウイグル自治区の武装警察増強に伴い、防犯カメラ、放水車、武器など防備強化、検問所増設などに費用が投下された。次に多いのは青海省、四川省、雲南省などに広がる奥地のチベット自治区でラサ、シガツェなどチベット自治区そのものへの予算配分はむしろ微減だった。さらには首都北京に注ぎ込まれた治安対策費も膨大で、地下鉄の駅にまでX線探知機を導入し、防犯カメラの設置箇所を増やした。それればかりか、顔面認識ができる精度の高いカメラと交代させ、新幹線のチケットはIDカード（外国人はパスポート）提示が絶対条件となって、その真贋《しんがん》を判定する機械も大量に導入せざるをえなかった。

とくに二〇一六年に新疆ウイグル自治区の治安対策費は前年比五〇％増の六八億ドルに達していた。およそ七七〇〇億円弱。いったいなぜこれほどの巨額が治安対策に必要なのか？　AP記者が現地入りして取材した結果、あちこちの家庭から、留学帰りの若者が「蒸発」していることが判明しているという。とりわけエジプト留学帰り、米国からの帰還者が理由もなく勾留され、当局に訪ねてもなしのつぶて、おそらく「再学習センター」などの収容所に拘束されていると推測されている。APは、行方不明の若者が数千に及ぶと書いている。ウイグル西部のホータン（和田）、クチャ（庫車）では五〇〇メートルごとに武装警官が立ち、いきなりの荷物検査。交通警官も武装している。

二〇〇九年のウイグル暴動では、ウルムチを中心に、武装した漢族に虐殺されたウイグル族は二〇〇名にのぼり、かなりの数が隣のカザフスタンなどに逃亡した。また「東トルキスタン独立」を叫ぶ勢力は地下に潜り、一部はIS（イスラム国）に合流し、シリアで武闘訓練を受けた。その一部がアフガニスタン経由で、新疆ウイグル自治区へ潜入し、武装闘争を準備していると言われ、中国の警戒はより一段と厳しさを増している。

こうした事態を裏付けるような報告が出た。米国の有力シンクタンク「ジェイムズタウン財団」の「チャイナ・ブリーフ」（二〇一八年三月十二日号）に寄稿したアドリアン・ゼンズ（独・社会技術学校研究員）の計算に拠れば省別の治安対策費を二〇一六年と二〇一七年で比較した一覧で、増加比率トップは新疆ウイグル自治区が九二・八％、ついで北京三二・七％の増加、青海省二六・九％、雲南省一七・一増％となっていることがわかった。いずれもウイグル独立運動過激派と見られるテロが起きた地域である。

一年間の予算膨張率は九三％、過去一〇年で国内治安費用はじつに一〇倍となった。

中国の公表数字はわずか二六〇億ドルだが、西側専門筋は、この少なくとも七・五倍の一九七〇億ドルに達していると推計され、さらに中国は警察や軍人の給与が安いので、これをＰＰＰ（購買力平価）に換算しなおし、西側の計算標準を用いて推計すると、中国の国内治安対策費は三四九〇億ドルと推計された（ちなみに米国情報筋の見積もりでは一六五〇億ドル、実態はその二倍ということである）。

「仮想通貨はろくな終わり方はしない」とウォーレン・バフェット

中国と韓国はビットコイン取引所ばかりか取引そのものを禁止する措置に出た。

米国の「バークシャー・ハザウェイ」（全米最大の投資会社）のＣＥＯウォーレン・バフェットは、同社年次総会で新しい役員を発表したが、ＮＢＣテレビのインタビューに応じ、「ビットコインなど架空通貨はろくな終わり方をしないだろう」と述べた。

中国はビットコインの取引所を閉鎖したが、ネット上での取引は行われており、中国の取引減少が、日本で売買が激増するという結果をもたらした。中国はビットコインそのものの取引も禁止する姿勢を示しており、また韓国でも仮想通貨取引所閉鎖をまもなく実行しそうだ。

中国はなぜビットコイン取引所を閉鎖したのか？

アメリカの著名な経済学者も、モルガン・スタンレーの幹部も「ビットコインは詐欺」

と認定した。この仮想通貨、コンピュータのなかから産まれ、金鉱を掘り当てるかのような数学ゲーム感覚で世界に拡散した。実際にビットコインのスキームは「ネズミ講」。英語でいう「ポンジ・スキーム」だ。発足からわずか三年で価値は一二五万倍に膨らみ昨秋九月十五日時点での時価総額は五兆六〇〇〇億円。このうち九〇％を中国人が買った。

二〇一七年九月八日、中国は三つの仮想通貨の取引所を突然閉鎖した。正確に言うとＩＣＯ（イニシャル・コイン・オファリング）を禁止したのである。ＩＣＯとは企業や団体が仮想通貨を発行して資金を集めることだが、これで当局が把握できない資金調達が可能である。独裁体制下では金融政策も通貨供給量も中国共産党がコントロールしているためビットコインが「第二の通貨」となると中央銀行は不要になる恐れありと懸念したのだ。

ＩＴ先進国のエストニアはスマホで選挙を行う。これをロシアはハッカー攻撃をかけて妨害した。テロリストは仮想通貨を駆使して資金洗浄の手口を覚えた。北朝鮮はハッカー攻撃した被害者から身代金を「ビットコイン」で要求した。つまり詐欺の横行を含め犯罪の温床に化ける可能性も高い。

それでも先進国は仮想通貨決済がますます伸びてゆくとして前向きである。

その認識は「仮想通貨」というより「デジタル通貨」と呼称し、たとえば英国中央銀行は金融政策の効力を堅持しながらも市場への導入にいかに取り組むか、積極的な検討にはいった。ロシアは「イーサリアム」の技術を駆使した新しいシステムを構築し、プーチン政権は「デジタル通貨」発行に前向きだ。

スエーデンは「eクローナ」の発行を一八年に国民投票で決める。エストニアは「エストコイン」の発行計画がある。しかし仮想通貨は国籍がなく、したがってリスクがあまりにも大きい。それでも利便性を活用するデジタル通貨を各国の中央銀行が前向きに検討し始めたわけで、中国とは真逆の方向にある。

ともかく、世界がいま直面しているのは、中国のカネに依拠することは、いかに危険であるかというリアリティである。

独裁皇帝・習近平に世界が猛反発

二〇一八年三月の全人代で習近平の独裁権力が確立した。

時代錯誤も甚だしい。三月十一日の全人代で改憲が成立し、主席の任期は二期一〇年までとする制限条項が撤廃された。有効投票数二九六四、このうち反対が二票、棄権が三票だった。九九・八三％という圧倒的多数は習の独裁に賛成した。

毛沢東《もうたくとう》は党官僚を嫌い、軍の近代化を呪い、独裁に邪魔な制度を破壊させるために紅衛兵を使嗾《しそう》して劉少奇《りゅうしょうき》ら「走資派」を失脚させ、次に軍の主導権を握った林彪《りんぴょう》が邪魔となってきたので、粛清した。毛沢東は官僚、インテリが嫌いだった。中国は文革の一〇年で文明を大きく後退させた。独裁皇帝・毛沢東の死後、同じくレーニン主義に基づいた集団指導性を重視し、権力の制度化に邁進《まいしん》したのは鄧小平《とうしょうへい》だった。鄧小平は制度の確立と安定化を目指し、共産党総書記と国家主席とを分離し、さらには国務院に経済政策の主導権を付与し、中国的社会主義市場経済という、人類未踏の実験に乗り出した。

爾来《じらい》、四〇年を経て、習近平は党の集団指導体制を破壊し、安定的システムを、不安定なものにしかねない独裁政治を志向し始めた。

しかし「絶対的権力は絶対的に腐敗する」という歴史の業を、次にかれはいかにして克服できるのだろうか？

習近平の独裁、つまり毛沢東時代への復帰は世界中の反発を招いた。

とはいうものの習近平の独裁基盤は予想以上に脆弱《ぜいじゃく》なのである。独裁批判のネット上の意見はたちまち削除されるし、ＮＨＫなどのニュースは瞬間的に画面が真っ黒になる。

中国の水面下では猛烈な批判が起きており、ネットには風刺画像があふれかえった。中国の民衆が知恵を絞って、習近平の独裁回帰を間接的ながら徹底的に揶揄《やゆ》する。

たとえばオートバイや自転車がのろのろと踊りながらバックしてゆくという奇妙な行動をとる男女の群れ、むろんバックする行為とは「後ろ向き」、「後退」を代弁しているわけで、直接的な独裁批判は削除されたが、奇妙な後ろ向き行進画像は監視当局が意味不明なのでしばらく放置された。バックする行為、つまり毛沢東時代の独裁への逆行を批判していたのである。

習近平の独裁は歓迎されていない。いわばペーパータイガーである。第一に権力の周囲を囲んでいるのは茶坊主とイエスマンだらけである。軍の高層部を見れば、精鋭の軍人というより、おべんちゃら、軟弱、口だけの人々ばかりではないか。

毛沢東や蔣介石《しょうかいせき》はまわりに命懸けの殺し屋集団を配置して、恐怖政治を敷いた。だから死ぬまで独裁が維持できた。蔣介石のボディガードも兼ねた青幇《チンパン》のゴッドファーザー杜月《とげつ》笙《しょう》などマフィアのボスでもあった。ところが習近平を命に代えて守るグループは、このペーパータイガーの周囲には見当たらない。暗殺を恐れる習近平は常時八人、三交替制のボディガードに守られ、そのリムジンは米国大統領より厚い防弾ガラスが装備されている。

第二に全人代初日の李克強《りこくきょう》首相の冒頭の演説は経済政策を前向きに述べた内容だが、まったくそらぞらしく、逆読みすれば経済政策の失敗を振り返っているのである。

習近平が苦虫をかみつぶすような不快な表情で横で聞いていた画面を思い出した。団派、経済官僚たちの「改革」をすべてつぶし、経済政策決定権を団派から取り上げてきたのが習近平だから上層部における構造的対立を象徴してあまりある。

第三に人事を見ても、適材適所とはとうてい言えない人材配置である。

李克強首相はどうやら病気回復が望めそうにない。このため副首相のポストが重要であるが、胡春華らとともに上海派の韓正《かんせい》も就任した。国防相は魏鳳和《ぎほうわ》（戦略ミサイル部隊トップ）が就任した。

そして全人代常任委員長が栗戦書《りっせんしょ》。政協商トップが汪洋。王岐山の国家副主席となったことは周知のとおり、これでは派閥の連立、一致団結は望み薄である。

第二章

本当にヤバイ朝鮮半島と台湾海峡

学生らの集会（ソウル市の学生街）

朝鮮戦争のモニュメント（ソウル）

北の核の脅威に本気で取り組んではいない韓国

南北朝鮮が「統一」を目指すという意味は中国がはなはだ厄介な存在とした高句麗の再来、その高麗連邦を目指したのが南北朝鮮の宥和《ゆうわ》、その方向性が平昌五輪で突出した。中国にとってこの高麗は骨身に染みる脅威なのである。伝統的な不愉快要因の一つが昔の高句麗。隋・唐に盾突き、七回も敗退した。中国軍を悩ませた重荷の元凶である。

北朝鮮の核、じつは中国に向いている。

北朝鮮が米国の核戦力と正面から事を構える愚かな思考はない。北朝鮮のメンタリティを忖度《そんたく》すれば、おそらく潜在的脅威は中国であり、過去一五〇〇年、支配されてきた中国の脅威に対抗するには自らが核兵器を保有し、中国全土を射程に入れることだった。

まして習近平に不服従の旧瀋陽軍区は、近年一貫して北朝鮮を経済的に保護し、密貿易で肥ってきた。国連で決議された北朝鮮への経済制裁をいい加減にしてお茶を濁してきた。旧瀋陽軍区の軍人・眷属《けんぞく》、OBらが設立した面妖《めんよう》なダミーの貿易企業、海運企業が北朝鮮利権を寡占し、北とウィンウィン関係を構築してきた。その瀋陽軍区とは江沢民人脈であり習近平がいまだ手を出せない地域なのである。

軍事パレードの閲兵を東北三省の頭越し、遠く内蒙古省で行い、しかも外国駐在武官どころかメディアも呼ばないでこそこそと開催したことにして、映像だけを下げ渡し、さも軍権を掌握したように見せかけたことは述べた。

こうした動きを逆読みすれば、習近平が軍隊を完全に掌握していない証拠である。そして中国は北朝鮮からの核攻撃という悪夢にも備え、四月二十七日に板門店で行なわれた南北朝鮮首脳会談を観察していたのである。

中国共産党最高幹部らの核シェルターの秘密の一端が判明した。

中南海から二〇キロ西北の森林公園の地中深く二キロの大規模設備だ。習近平ら中国共産党幹部の住む中南海から西北へ二〇キロ。森林公園となっている木々の茂みを利用し、隠れるようにトンネルが掘られた。

地質的には洞窟《どうくつ》も多く岩盤が折り重なっており、避難場所として適切との判断があった。とりわけ岩盤の主成分がグラナイトで一〇〇〇メートル級の岩々が、天然の作用でできあがっていた。この頑丈な地質と地形を活用してトンネルを掘り、核シェルターとなす。核汚染を防ぎ、外部との接触を遮断し、核戦争を生き延びるために毛沢東時代から工事は進められていたが、全容の解明どころか、その存在さえ機密とされてきた。

深さ二〇〇〇メートルの核シェルターにはコンピュータの指令室、移動用車両を載せるレールが敷かれ、エレベーターもある。地下水が潤沢で一〇〇万人が生活できるともいうが、空気汚染より、水質汚染は長引くために浄化設備が必要とされた。弱点を補う改良につぐ改良工事が数十年にわたって重ねられ、最近も設備の更新がなされた（「サウスチャイナ・モーニング・ポスト」二〇一八年一月七日）。

深さが二一九七メートルもあるグルジアの「クルベラ洞窟」は世界的に有名だが、これは自然に作られた洞窟である。スペインの探検隊が底まで達するのに二七日間かかった。

中国版核シェルターの存在は想定されていたが、正確な場所が判明したのは二〇一六年に習近平が軍服を着て視察に同施設を訪問したことが写真とともに公開されたからだ。

規模はおそらく世界一である。このシェルターは中央軍事委員会の管理下にあって五大戦区への指揮命令系統の維持、コミュニケーション・ラインの複数確保、軍人幹部ならびに命令を決定する共産党幹部らが一堂に集合できる施設と通信システムが備わり、まるで小都市に匹敵するほどの機能を備えているそうな。

ちなみに北米航空宇宙防衛司令部（NORAD）は、冷戦時代にソ連の核ミサイルの発射を探知し、反撃破壊する司令部として、ロッキー山脈のシェイエネ山に掘られた地下の要塞《ようさい》として知られた。冷戦後、ソ連の核ミサイルを脅威視しなくなって同基地は閉鎖されたが、次の電磁パルス戦に備えて改装、改修されている。

二〇一八年三月十九日からリオデジャネイロで開催された「G20」の舞台裏で、米国は一つの工作をしていた。イラク戦争を「多国籍軍」で戦ったように、対中貿易戦争を米国に共鳴する諸国と「多国籍有志連合」を形成して対中国貿易戦争を戦えないかという打診だった。

伏線がある。朝鮮戦争の旧国連軍がカナダに集まったのである。北朝鮮の核脅威が出現して以降、米国が呼びかけて「中国とロシアを抜きにして北朝鮮をどうするか協議しよう」とする国際会議が開催されたのだ。

この会議の重要性を日本のメディアはほとんど無視したが、中国を仲間に入れなかった意味は大きい。

二〇一八年一月十六日にカナダのバンクーバーにおける「二〇ケ国外相会議」の出席メンバーは米英加豪にスウェーデンやコロンビアなどで、朝鮮戦争を戦った二〇ケ国の外相が緊急に集合した。

朝鮮戦争（一九五〇—五三）は「国連軍」の名のもとに米英のほか豪など合計二〇ケ国が参戦し、当時、北朝鮮の背後にはソ連と中国がいた。時代が変わって、ロシアと中国を交えて国連を舞台の北朝鮮問題協議では、つねに棄権や反対票があり、緊急な事態に対応できない。このため前からロシアと中国を抜かしての協議が望まれてはいた。

このような西側の結束を促したのも、北朝鮮の核ミサイル配備が急速だったからである。

反日・韓国は西側同盟から離れ、中国にすり寄った

そこで筆者は軍事緊張のただなかにあると思われた韓国へ飛んだ。

ソウルの金浦《キムポ》空港ではたしかに荷物検査は厳重を極めた。北がミサイル発射を繰り返し、米国は空母攻撃群を日本海に派遣し、在韓米軍にはTHAADを配備した。ところがこの軍事的緊張を横目に、ソウル郊外には新築高層マンションが林立し、遊園地は人でいっぱいだった。首をかしげてしまった。

韓国は経済的に苦況にあると多くのエコノミストが分析したが、街角に物乞いは少なく、スリが減った。東大門《トンデムン》、南大門《ナンデムン》、明洞《ミョンドン》という繁華街や市場に物資があふれ、みながスマホを覗《のぞ》いてゲームをしたり、この風景は日本と変わらない。

ソウル市内には高層ビルが林立し、東京のスカイツリーより高い一二三階のロッテタワーが開業したのでのぼってみた。展望台から望遠鏡で三六〇度、ソウルの全景が見渡せる。高層ビルだらけではないか。

市内高級住宅地のマンションは日本より価格が高い。繁華街はツアー客であふれ、地下

鉄は満員。ハイウェイは渋滞、有名グルメは長蛇の列。デパートもそこそこに繁盛しているからホテル代も東京並み、国際線は次々と外国人旅行客を運んでくる。

戦争の危機意識などどこにもなく、日常生活の延長が街の風景だ。

北朝鮮の軍事パレードの物々しい風景がニュースに流れて西側は不安を抱くが、韓国は不思議と懸念をあらわさない。韓国のメディア上では北朝鮮と中国関係、そして対米外交を巡って、喧《やかま》しい論争が沸騰していた。THAAD配備を巡って中国の韓国苛《いじ》めに韓国のメディアも強く反撥《はんぱつ》していた。

ところがソウルの繁華街「明洞」では、たしかに中国人観光客が激減していたが、替わりに台湾からドッとツアー客が来ていた。

宮脇淳子、倉山満『残念すぎる朝鮮1300年史』（祥伝社新書）によれば、平昌五輪における南北会談なるものは文在寅の屈辱的な態度を見ただけで南が北に格落ちしている事態を示した、倉山満は、これを「高麗連邦宣言」だとした。すなわち「北主導の統一という暗号」であり、「高麗連邦宣言は、習近平を緊張させた」という。

この発言を引き取って宮脇女史がこう言う。

「地政学という学問が凄いなと思うのは、古代でも、隋や唐にとって致命傷となったのは高句麗でした。いまの中国が北京に首都を置いてしまった以上、中国にとって北朝鮮のある場所がすごく重要なのは、そういう地政学上の理由です」

古来より朝鮮半島の歴史は北が優勢だった。南は飲み込まれることが多いので、文在寅は、そのことを百も承知のうえで、最低限度の主権国家の体裁さえ保てれば上できと考えているのかもしれない。

事大主義はつねに力の強いほうを選別し、そちらにつく。これが朝鮮半島の政治の特質である。

日本が韓国に神道を強要したなどと文句を言われるが、そもそも布教しない神道が朝鮮人に信仰を強要するはずがないし、東京裁判における皇帝溥儀《ふぎ》の嘘《うそ》証言が、日本が朝鮮に文化を強要したとしたが、こうした解釈は戦後の後知恵ででっち上げられた嘘である。

創氏改名にしても、強制連行、従軍慰安婦などコミンテルンの謀略のような嘘放送が繰り返される。満洲建国にしても溥儀は天照大神《あまてらすおおみかみ》をご先祖にまつろうと言い出し、日本側があきれはてて止めたのが事実である。当時、関東軍にとっては溥儀を皇帝にすることは反対だった。

共和国でもよいと軍が考えていたのも、多くの社会主義者が混在していたからで、なかには孔子《こうし》の末裔《まつえい》でもいいかなと考える人もいたそうな。エリートが集まったとされる満鉄調査部には食い詰めた社会主義者がおびただしく入り込んでいた事実は広く知られるようになった。

想像を絶する韓国人の魔訶不可思議なメンタリティ

筆者は次に仁川《インチョン》のチャイナタウンへ行ってみた。

韓国内の大規模なチャイナタウンだけに朱色の中華門をくぐると左右の看板は漢字になる。いまの韓国人は漢字が読めない。中国人のツアーがちらほらあるが、かれらは坂を登って孔子の大きな銅像までは登攀《とうはん》しても、その先の山頂に屹立《きつりつ》するマッカーサー記念像には登らない。この点で他の国の団体客と異なる行動パターンをしめすのが中国人である。朝鮮戦争で米中は敵同士だったからだ。

チャイナタウンは建築ブームに沸いていた。名物グルメに列を作っている。これもまた意外な光景で、中国人の投資は中断していないのである。

大学に行っても、立て看板もアジビラもなく、のんびりとしたキャンパス風景が広がり、日本でよく報道される過激な反政府集会や、朴《パク》弾劾集会の熱気はどこにもない。「あれは北朝鮮の工作、極左の演出ですよ」と事情通が言う。韓国の左派政治団体は中国を向いており、その文脈から北朝鮮を重視し、保守派はアメリカを向いているという。自力更生という基本姿勢がない、つねに事大主義な韓国の政治には救いがない。

ソウルの保守系集会は十数万人集まってもメディアが伝えない

ソウル市庁舎前広場を埋め尽くす「朴大統領は無罪」「北の情報工作に洗脳されるな」という保守系の集会に行き当たった。
民族衣装のおじさん、おばさんが目立った。なかには李王朝時代の貴族の扮装《ふんそう》をしたおじさんがいるかと思えば、チマチョゴリのおばさんがいる。参加者はざっと見ても数万人の規模、辻々には警官隊が待機していた。保守系の集会では大きな太極旗とアメリカ国旗を掲げ、緊張感と朴大統領弾劾失職という事態に遭遇しての悲壮感が漂っていた。この保守系の集会のことは韓国のメディアがほとんど報じないため日本人は知らないのである。
米国大使館周辺へ行ってみると、厳戒態勢、警察車両と私服刑事が裏道までを埋め尽くしているではないか。この物々しい警戒ぶりと対比的なのが中国大使館だ。警備がたった四、五名程度。ついでに日本大使館へ行って例の「少女像」を撮影しようとしたのだが、警備の警官が場所を知らないのだ。

日本大使館職員に尋ねてはじめてわかった。少女像は裏側の道を挟んだ場所に建っていて付近の住民さえよく知らない。像の隣はテントで見張りの徹夜組がいるが、まるで緊張感がない。かれらは競って就職や試験に社会活動のボランティア履歴が有利になるからやっているだけという説明があった。

テロリストの安重根が英雄

韓国の北朝鮮に対する軍事緊張が稀薄《きはく》な理由は「同胞が攻撃に出るはずはない。北の核は日本向けだ」という驚くほどの初歩的感情的反応で、「むしろ米国が騒ぐから中国を怒らせた」と本気で言う人がいて、こちらが面食らった。

南山《ナムサン》に登った。下にトンネルが掘られ、郊外とのアクセスが便利になったが、南山一帯は公園、市民の憩いの場所となっている。

この頂きに安重根《アンジュングン》記念館がある。過去にも二回来ているが、規模が膨らんで、設備も重厚になってきた。入り口に「民族の英雄」としてマントを翻す安重根の銅像が立ち、前庭には大きな石碑が十数、いずれもが安重根の遺墨を復刻したものだ。この装置で韓国民に愛国心を煽《あお》ろうとしている。南山公園の中腹には金九《キムグ》の巨大な銅像もある。

安重根も金九も韓国のテロリストであり、この二人を英雄に祭り上げるのは、朝鮮民族の恨《ハン》がなせる業であろう。よくよく考えてみるに韓国人は想像を絶するほどに魔訶《まか》不可思議なメンタリティに取りつかれている。

台湾海峡、大蛇に睨まれた蛙？

中国の台湾包囲網は日ごとに進捗《しんちょく》している。

パナマが台湾と断交したあたりから、形成はすこぶる台湾に不利となった。あまつさえ、バチカンが台湾を切り、中国と関係を樹立するという観測が欧米のメディアでしきりと言われるようになった。

カトリックの総本山は中国に最大のマーケットを見出そうとしているからである。戦前の中国にはやくから進出していたキリスト教はカトリック教会の宣教師らで、現在隠れ信者は一〇〇〇万以上と推定されている。北京が米国関係の重視に傾くと、プロテスタント系が勢力を膨張させ、改革開放で米国へ大量の留学生が派遣され始めるや、米国の思想と米国の教会が中国で勢いを伸ばした。

焦るバチカンが台湾の信者数よりも、大陸の潜在的キリスト教徒に焦点を当てるのは「市場」という観点に立てば当然の帰結だろう。

中国はナチスとそっくりになってきた。ヒトラーと宥和政策を講じ、ナチスの躍進を傍観したチェンバレンは、こんにち批判の矢面に立つが、中国の横暴を傍観したクリントン、オバマ政権がまさに現代のチェンバレンであり、南シナ海諸島への進出と軍事施設はナチスのラインラント進駐であり、オーストリア併合が、習近平の掲げる「台湾併合」に重なる。ナチスに狙《ねら》われたチェコ、ポーランド併合。その勢いはフランス占領から北欧諸国へ及んで、漸くにして英米は立ち上がった。

ところが台湾は絶妙のタイミングを自ら失した。

トランプ大統領が「一つの中国にこだわらない」と発言しても蔡英文《さいえいぶん》政権はキョトンとしていた。だから中国はキッシンジャーら「中国ロビィ」を使ってトランプの外交路線を「修正」させた。

キッシンジャーが推薦したティラーソン国務長官、中国のビジネスに食い込んでいたクシュナー・イバンカ夫妻。ところが朝鮮問題の急浮上とともに、米国は中国を見限り、したがってティラーソン国務長官は更迭、クシュナーは最高機密を得る立場から外された。

共和党保守派の巻き返しは強く、二〇一八年一月九日、米下院は台湾の政府高官の相互訪問を解禁する「台湾旅行法」を可決した。全会一致だった。そして二月二十八日（二・二八事件と同じ日）には上院が全会一致で可決し、三月十六日にはトランプ大統領が署名した。

李登輝《りとうき》元総統ほか台湾本省人の主要メンバーは記者会見し、「台湾は独立した主権国家である」と意思表明を改めて行った。

つまり大統領を含む米国の政府関係者が台湾を自由に訪問できるように法改正がされたことになり、同時に台湾総統を含む政府関係者の訪米および国務省や国防総省を含む政府高官との対面を解禁するという措置である。ということは蔡英文総統が「国家元首」としてホワイトハウス訪問が可能になるのだ。

これは中国を刺戟《しげき》してあまりあり、さらにトランプ大統領は中国の特許侵害に対して厳重に検証し罰金を課すと表明した。ということは北朝鮮問題が解決すれば米中対決は不可避となる。

トランプ政権は中国製「華為技術」のパソコンなどの連邦政府職員の使用を禁止した。

さらにトランプ大統領は三月十二日、シンガポールの大手「ブロードコム」による米社「クアルコム」買収を阻止する大統領命令を発動した。この決定は米国外国投資委員会（CFIUS）が「国家安全保障に対する脅威であり、ポイズンピルの発動である」とする勧告に従う決定となった。

「ポイズンピル」とは企業買収合併に用いられる法律用語、というより防御手段であり、たとえば株の買い占めによって対象とする企業の乗っ取りを防御する対抗策の一つ。具体的には既存の株主に対して、時価以下で新株を購入できる「新株予約権」なる権利をあらかじめ発行し、敵対的買収者が一定の議決権を持つ株式を市場などで取得した際に、新株発行によって防衛側の株主を増強し、買収側の保有株比率を下げる。M&A用語で「毒薬条項」という。

一一七〇億ドル（一三兆円）という天文学的買収金額を提示した未曽有の買収劇だったが、シンガポールの「ブロードコム」の野望はついえた。米社クアルコム社はペンタゴンと取引があり、同社が持つハイテクのなかでも明らかに5G（第五世代移動通信システム）技術を狙った買収であり、国家安全保障に抵触するというのがトランプ政権の解釈だ。先にも中国企業のハイテク企業買収を連鎖的に拒否してきた経緯から、当然予測されたのだが、相手は中国ではなくシンガポール企業だったことが驚きをもって報じられた。

シンガポールのブロードコム社は本社をシンガポールとカリフォルニア州サン・ノゼに置き、直前の聞き取り調査でも、社長自らがペンタゴンへ赴いて、「米国の安全保障にかかわる重大事案というのなら、本社を米国に移転してもよい」とまで譲歩をしめした。しかし米国情報筋はシンガポール企業とはいえ、もともとは「アバコ」というシンガポールの半導体企業が米国のブロードコム社を買収し社名を変更したという経過がある。

そのうえ米国が技術スパイの「札付き」と認定する中国の華為技術と濃厚な取引関係がある。これらの背景から、同社には中国軍につながる華僑人脈がちらつき、同社を経由して次世代のハイテクの一つである5Gが中国に流れ、軍事利用に直結することを懸念したのである。

揺れる台湾人のアイデンティティー

ことほど左様に事態は台湾に有利に展開している。ところが台湾はあまりにも中国経済にのめり込んだ結果、台湾企業一万数千社、エンジニアやマネージャーなど一〇〇万人の台湾人が中国に駐在しており「人質」と化している。

台湾の観光業界は中国からのツアー客を歓迎し、台湾のメディアは「自由時報」を除いて、その論調は新華社と変わらない。そのうえパナマは台湾と断交し、次はバヌアツ、ナ

熱烈な蔡英文支援者（台北）

ウルなど太平洋の島々が台湾との外交関係をやめて中国になびく雲行きだ。なぜならホテルなど中国の投資が凄《すご》いからで、数十万単位の観光客が来ると薔薇《ばら》色の計画を豪語し台湾との関係断絶を取引材料としているからだ。

そこで台湾が最後の望み、最強の政治カードを託するのがバチカンだったのである。まさか、そのバチカンが新しいローマ法王になってから、「一四億の潜在的信者市場」に目がくらんだかのように北京に色目を使い、台湾に冷たくなっている。台湾はカトリック信者が多く教会が林立するほどだが、バチカンの心変わりに大きな懸念を抱いている。

台湾にとってもう一つ、深刻な問題は、台湾の軍隊が中国と戦争をするという確固たる決意が稀薄なことだ。つまり台湾軍幹部は外省人で占められるうえに中華思想の信奉者であり、「統一」を本気で考えている。むしろ台湾本省人を敵視している。彼らは台湾という国家を守る意志に欠け、いまも国民党を守る私軍の色彩が強い。

中国大陸において退嬰《たいえい》的な独裁者の誕生に関して、李登輝元総統は「習近平氏が自身への権力集中を加速、長期化させた。しかし皇帝制度は過去のものであり、台湾は徹底的に反対を貫くべきだ」とした。

台湾が民主化を維持するために関心を寄せる必要があるうえ、「このような状況の下、台湾の国連加盟は非常に重要」とも李登輝は訴え、続けて「一方、中国が台湾国内で統一派勢力を養い、独立派との対立を激化させて社会秩序を破壊している。他方、台湾企業への優遇政策で台湾の人材と経済的競争力を空洞化しようとしているのが中国の戦略であり、われわれが直面する差し迫った危機だ」と警戒感をあらわにした。

李登輝は虚構でしかない「大中国統一」などという世紀の幻想から抜け出してこそ主体性を持った「台湾アイデンティティー」が生まれるとし、反民主的な中国大陸の思想は台湾では無効だと訴えたのだが、こうした正論はいまや台湾ではほとんど聞かれなくなっている。

台湾政界が揺れているのである。

第三章

中国に奪われるASEAN一〇ケ国

マニラの慰安婦像は2018年4月末まで立っていた

撤去された慰安婦像跡（イメージ）

華字紙に見る中国のアジア情報支配

南シナ海に人工島を七つ、そのうち三つには滑走路も建設し、ここは昔から「中国の領海だった」と開き直った。いまや南シナ海は「中国の海」に化けた。

領海を侵犯された国々はフィリピン、ベトナム、マレーシア、ブルネイ、そしてインドネシアである。このなかで中国に盾突いて抵抗しているのはベトナムだけである。

フィリピンの首都マニラには世界最古のチャイナタウンが拓ける。

宋《そう》朝（九六〇―一二七六）が元に敗れ、王朝関係者らは南華からさらに揚子江以南に逃げ込んだ。一部は山奥に御城のような集合住宅（客家《ハッカ》土楼）を作って立てこもり、また一部は海を渡って、台湾へ、そしてフィリピンへのがれた。これが客家の源流であり、台湾を別とすれば逃亡先に街を作ったのがフィリピンは最初であり、また陸伝いに南下した漢人らはタイに、ラオス、カンボジアに、ベトナムに、そしてミャンマーにチャイナタウンを形成した。

そのマニラでは華字紙が三つ発行されている。

軍事力の浸透ばかりではなく、中国はメディアも駆使して政治的文化的発言力を発信しているのだ。

マニラの老舗《しにせ》華字紙「大公報」と反北京政府系の「世界日報」、華僑《かきょう》のビジネスニュースが多い「商報」。前者は北京寄りである。華僑をのぞけば、フィリピン人は英語が得意だから英字紙の影響力のほうが圧倒的に強い。

ところがその英字紙の論調はかならずしも親米ではない。ドゥテルテ大統領の人気はマニラではそれほど高くない。華僑の影響が強いからだ。またスービックとクラーク基地周辺にはフィリピン女性と結婚したアメリカ人退役軍人らが年金暮らしをしており、米軍の「星条旗新聞」も読める。

クラーク基地跡の周辺は、なんとコリアン村が出現していて焼き肉レストランばかりである。そのうえクラーク基地は民間空港に転用され、韓国や香港、シンガポールから国際線が乗り入れている。

ここでアジアにおける中国のメディアへの浸透ぶりをまとめておくと、日本で発行されている中国語新聞はなんと五四種類もある。そのうちの十数紙が週刊、しかも池袋などで無料配布されている。週刊ブランケット判は「東方時報」「中文導報」「陽光導報」。タブロイド判は「中華新聞」など。どれもカラー印刷で四〇ページから五〇ページもある。広告欄は格安航空券、法律事務所、中国語だけで取得できる自動車学校、二四時間保育園、エステなど風俗の募集広告。内装、家具、下宿・不動産物件の斡旋《あっせん》、そして怪しげなマッサージ店の女性募集などが満載。駅でこれらの新聞片手に求人応募の電話をかけている若者に出くわすこともある。

ならばアジア各国、いや世界中で中国語新聞はどうなっているのか。

華僑がチャイナタウンを作り、ビジネスをしている場所にはかならず華字紙がある。それも最近はバンクーバーでもシドニーでもニューヨークでも発行されている。大半が無料で、レストランやスーパーでレジ横においてある。新しい移民のチャイナタウンは豪、ニュージーランドなどで、したがって新聞の文字は簡体字（現代中国で制定、使用されている、簡略にした漢字。一九五六年以後、数度公布された）である。バンクーバーは香港からの移民が多いので繁体字（簡体字に対して簡略化されていない漢字）のメディアが多く、もちろん古いチャイナタウンの国々、マニラ、バンコクなどでは繁体字が多い。一部に簡体字のメディアがあるが、それは露骨に北京政府系と判断できる。

反中感情の強いベトナムでは華字紙が許可されず、ホーチミンのチャイナタウンへ行くと中国語新聞をたしかに売っていたが、地区の共産党機関紙の中国語訳だった。これはカンボジア、ラオスに共通である。プノンペンは華僑の不動産買いが目立つが、ラオスの首都ビエンチャンのチャイナタウンは小規模、ラオスには華字紙がない。ところが北部の国境地帯へ行くと、華僑の天下となっており、カジノホテル、中国料理レストラン、そして

ジャカルタ・チャイナタウンの華字紙

クアラルンプールの華字紙

中国から持ち込まれる華字紙が売られている。

ブルネイは言論が自由なはずだが、人口わずか四〇万人強。中国語新聞はシンガポール「星州日報」の文芸欄の翻訳版だけだった。

ミャンマーにおける華字紙はヤンゴン（旧ラングーン）では「世界日報」だけ。第二の都市＝マンダレーは華僑の街と言っても雲南華僑が主流。ながく鎖国をしているうちに華僑の末裔らは中国語が喋《しゃべ》れなくなった。

もっとも豊富な華字紙がそろうのはタイである。「中華日報」、「京華中原」、「亜州日報」、「新中原報」、「世界日報」など数紙もあるが、活字も繁体字。見出しの感覚が古く、年配者しか読んでいないようである。しかしタイの華僑系の若者たちですらフィリピンと同様に中国語より英語が得意であり、中国語を真剣に習おうとする人は少ない。彼らは「海峡華僑《かいきょう》」で影響力は限定的である。

インドネシアは意外に華字紙が多いが、チャイナタウンの隅っこで売られているうえ、華僑は地元民から恨まれているため政治色が薄い。つい先年まで発行が禁止されていた。六五年の反共クーデター以後、華僑は細々と暮らしてきた。近年、中国がガスと石油を猛烈にインドネシアから買うようになってからチャイナタウンが復活した。

いずれにせよアジア各国は経済的に華僑の影響下にある。金融と流通を握っているからだ。銀行はほとんど華僑系、南アジアへ行くとここにアラブ系銀行が加わる。

中国語新聞を比較一瞥《いちべつ》しただけでも北京の宣伝効果には上限があることを知らされるのである。

インド経済圏の各国、とくにインド全体とスリランカ、バングラデシュ、ブータンなどでは中華料理店が少ない、いやほとんどないと言ってよい。すこしアルコールを扱う店があるのはネパールである。

だから当該地域には華字紙はない。インド人の味覚に中華料理は合わないようである。大都会ではさすがに日本料亭よりは目立つが、地方都市へ行くとまずない。インド人は一般的に中国が嫌いである。

アジアの植民地を解放した日本

問題は華字紙の底意地の悪い論調であろう。

いまもおしなべて反日色が濃いが、それぞれの国の政治情勢が加わり、ときに中国政府の宣伝を批判するような記事にお目にかかる。

あの戦争（大東亜戦争）は世界の人々の幸せを踏みにじり、とりわけアジア・アフリカ諸国を蹂躙《じゅうりん》し、有色人種を奴隷のごとく扱って搾取してきた白人国家への日本の挑戦だった。「日本がアジアを侵略した」などという自虐史観は東京裁判でGHQが押し付けた改ざん史観だが、欧米の洗脳にひっかかっている似非《えせ》知識人と朝日新聞と左翼が共同してでっち上げたものだ。

大東亜戦争の目的はアジアを植民地の桎梏《しっこく》から解放させることにあった。この崇高な歴史的意義が、戦後七〇年以上も忘れられてきた。

しかしアジア諸国を回って知識人らと話し込むと華夷《かい》秩序にしたがう朝鮮半島の国をのぞき、おしなべて日本に感謝していることがわかる。

インドネシア独立戦争も、マレーシアも、ベトナムも残留した日本兵が対米戦争の戦術を指導したし、インドの独立戦争はともに闘った事実は厳然としてある。わたしたちは日本のアジアへの貢献を正面から再評価するべきときを迎えており、自虐史観とは永遠に訣《けつ》別《べつ》しなければならない。

そして近年、特筆すべきことがアジアで起きている。それは日本の評価の見直しである。アジアの歴史は、独立後、それぞれが見直しに入ったが、米軍の圧倒的パワーが残存しており、また英字新聞の影響と英米留学帰りの学者ジャーナリストが英米で教わったとおりの歴史観で反日を教育し、日本悪玉論がメディアの論調の主流だった。

中国の反日論調が華字紙に伝わり、それを英語に翻訳するのが中国人ジャーナリストゆえに反日が揺るがぬ歴史観だった。

それが近年、なぜ変化したのか。各国が自己のアイデンティティーを見直すという作業のなかで、独立の先駆者をたたえるという歴史の見直しが始まり、それぞれの国で、それなりの「国学」が復活したことと密接な関係がある。

たとえばフィリピンでは「独立の父」とされるホセ・リサール（一八六一－一八九六）の見直しである。いまでは各地に銅像が立ち、マニラには神社（廟所だが英語では同じくシュラインとなる）が建立され、そのリサールの独立運動を助けたのが日本だと判明した。同時に米国が宣伝した日本軍のフィリピン民間人虐殺は嘘《うそ》であり四〇万のフィリピン人を殺害したのが米国軍だという歴史の真実が掘り起こされる。

ミャンマーに眠る日本人兵士の墓地（ヤンゴンの郊外）

インドでも従来、歴史家によって黙殺されてきたチャンドラ・ボース（一八九七―一九四五）の再評価が始まり、なんとチェンナイのガンジー記念館の図書館にまでチャンドラ・ボースの自叙伝や伝記本が売られている。歴史認識の転換である。

マレーシアは華僑人口が全体の三五％もあるとはいえ、華人の増長したやり方が目に余り、マハティール元首相はルックイースト、つまり「日本に見習おう」と唱えた。

ベトナムやシンガポールはまだ一党独裁で歴史の見直しはこれからの課題だろうが、正式な日本再評価のない国々でも民間の伝承で日本の独立運動側面援助のことはちゃんと伝えられており、それが若い世代へも伝わって正しい日本像ができ上がっている。

その証拠にミャンマーからカンボジアからバングラデシュやネパールからおびただしい留学生、研修生が中国ではなく日本を目指している。

フィリピン独立運動を日本が助けていたという歴史的事実とて、知らない人が多いかもしれない。

ともすれば戦後のフィリピンは米国に示唆、いや使嗾《しそう》されて反日感情に燃え、日本にたいそうな悪意を投げた歴史があり、モンテンルパの悲劇に象徴される。無実の日本軍人を戦後補償を狙って処刑し、さらに大量処刑をほのめかして日本を脅した。

マルコス（一九一七―一九八九）政権の時代までフィリピンは米国の傀儡《かいらい》と言ってもよく（いやマルコス転覆劇とて米国が仕組んだ）、だからフィリピンにおける独立運動史は閑却《かんきゃく》され続けてきた。

日露戦争以前から対米独立運動をフィリピンで展開していたアルテミオ・リカルテ（一八六六―一九四五）将軍は何回も捕らえられるが、香港へ亡命し、一九〇三年に日露戦争の戦雲が広がるや密かにフィリピンに帰国して独立本部を設営した。米軍の急襲を受けふたたび捕らえられるが、またも香港へ亡命し、その後、一九一五年に日本へ亡命するのである。

クワイ川にかける橋は観光名所(タイ)

「犬養毅《いぬかいつよし》や後藤新平らの援助を受け、横浜でスペイン語の教師などをしていた（中略）。その後、四一年十二月十九日に日本軍とともにマニラに」凱旋《がいせん》した。二六年ぶりの帰国だったのだ。しかし日本軍はこれらの親日派を重宝せずにいた。ゲリラ活動が活発化したため、「四三年には独立を認めることを宣言し、五月には東条英機首相がフィリピンを訪れ、ルネタ公園の歓迎式典で独立を公約し、その五ケ月後の十月十四日の独立式典ではリカルテ、アギナルド両将軍の手でフィリピン国旗が掲げられた」（平間洋一『イズムから見た日本の戦争』、錦正社）。

ジョイス・C・レプラはアジア各地に日本軍が残した「戦闘精神、自助、規律というものを教え込んだ」とし、「民族主義を抱いていた一つの世代の指導層全体に厳格なる軍事訓練を施し、規律とは何かを教えた」と強調した。「この経験があったからこそ、戦後、アジア各地に戻ってきた植民地主義諸国と独立戦争を闘うことができたのである」（ジョイス・レプラ『チャンドラ・ボースと日本』、原書房）。

重要なことは戦後アジアで、日本軍が去っても、継続された日本の教えである。ＡＳＥＡＮの原型は日本が教え込んだ留学生たちが、その後、祖国で独立を勝ち取り、政治家となって「東南アジアの共存共栄のＡＳＥＡＮの結成向けて努力を結集した」ゆえにＡＳＥＡＮ成立にこぎ着けた。

「シンガポールとマレーシアとインドネシアの同期生（日本がほどこした南方特別留学生）たちがジャカルタで会合し、五ケ国の共同体を結成しようと提案した」

インドネシアからスハルト政権の中枢にいたアリ・ムルト、マレーからはラザク副首相ら、ジャカルタではスハルト邸に集まりクアラルンプールではラザク邸に集合した。会合は重ねられ、フィリピンのラウレル・アシス（大統領特別顧問、元陸士）、タイからはコーマン外務大臣。そして、「六七年八月五日にはバンコクでマレーシア、インドネシア、フィリピン、シンガポール、タイの五ケ国の外相によってバンコク宣言が発表され、ＡＳＥＡＮ結成が世界に発表された」のである。

かくして「日本の戦争中の教育の成果は、この例が示すように軍事面だけではなく、政治面にも大きな遺産を残した」（平間前掲書）。

次節からＡＳＥＡＮ各国の実態を具体的に検証していきたい。

「中国の代理人」＝カンボジア

カンボジアの惨劇は風化していない

中国に使嗾されたポル・ポトの狂信が二〇〇万人の同胞を虐殺した、あの「キリングフィールド」から三十数年、たしかに悪夢は去った。

ところがプノンペンにごっそりとカネを持って来たのは中国資本だった。カンボジアの首都、プノンペンへは成田空港から直行便が就航している。ＡＮＡで六時間ちょっと、機内は満員に近いが、日本人客は出張客が多いためビジネスクラスが先に満席となる。ツアー客はプノンペンで乗り換えて、シェムリアップへ行く。アンコール・ワット、アンコール・トムが観光の目玉である。

カンボジアと聞いて日本人の印象はといえば、アンコール・ワットとポル・ポトの大虐殺くらいかもしれない。都市住民をおよそ二〇〇万人も虐殺したため、「これが仏教国のやることか」と世界が震撼《しんかん》した。

爾来《じらい》、「民主カンボジア」などと国名を名乗っていたが、いつのまにか王制に復帰していた。シアヌーク（一九二二―二〇一二）前国王の葬儀はきらびやかな葬列が続いた。王制には一九九三年に復帰、またシアヌーク国王の葬儀は二〇一三年二月、日本から秋篠宮《あきしののみや》殿下が列席した。

そのプノンペンはフランス植民地時代の瀟洒《しょうしゃ》なビルが残り、優雅な雰囲気を醸し出している。新興地区には建設ラッシュが沸いており不動産ブームが起きている。

投資しているのはベトナム、タイばかりか近年は圧倒的に中国資本である。ランドマーク的な複合ビルも中国資本、台湾華僑も多少はいるが、あまりの中国からの投資に台湾系は目立たなくなった。

ベトナムとの国境へはハイウェイが通じていてトラック輸送が激しい。沿線にはカジノ、ラブホも建ち並び、多くが中国人経営である。カンボジアの人たちは中国人が嫌いなはずだが、一番嫌いなのはベトナム人なので、中国人の横暴も見て見ぬふりをするのだ。

日本人はＪＩＣＡ（国際協力機構）関係者と商社マンくらいしかプノンペンに駐在して

高層マンションはやはり中国が建てている（プノンペン）

おらず、そもそも労賃が安いと言っても工業団地も少なくカンボジアの若者はタイへ出稼ぎに行く。

それでもカンボジアは顕著な変化が起きた。プノンペンとベトナムの商都ホーチミンを結ぶ高速道路はメコン川をフェリーで渡るため八時間以上かかった。このメコン川に大きな橋を架けた日本の無償援助（八五億円）という貢献はネアックルン橋（全長五・四キロ）に代表された。開通後、ホーチミンまで六時間に短縮された。南シナ海への出口が拡大されるとカンボジアの輸出産業も活気づく。

筆者は二〇一七年の十一月にもカンボジア取材に出向いた。

着くなり豪雨に見舞われた。まさに「沛然《はいぜん》と降る雨」だ。道路が泥濘《でいねい》の川に化け、エンストのバイク、立ち往生するバスなどで、夜なら三〇分の道行きが二時間半もかかった。川岸のリバーパレスホテルに旅装を解いた。

隣はガソリンスタンドを兼ねたコンビニ、しかし品数は少なく、買えるのはスナックとビールくらいだ。道路標識はカンボジア語、英語に続いて中国語の三つが併記されていて、中国からの投資が顕著なことが了解できる。

目の前のトンレサップ川は泥水、上流から切株、大ぶりの枝葉などが流れ、下流でメコンに合流する。雷が光り、ネオンが少ない街の全景が瞬間的に視野に飛びこんできた。

清濁混交、悪臭が漂い、清潔感がない。そして社会現象として金満と貧困も混交があり、貧富の差が激しい。雷雨に遭遇した夜、目の前のトレンサップ川を眼を凝らして見ていた。はじめは上流地域にも激しい雨風があって、木々が倒れ大量の枝が流されているのかと思った。次から次と木の枝、それも大木から伐採した枝だからかなり大柄で長い。緑葉をつけたまま、流れてゆく。おびただしい量である。しかも切れ目がない。

昼も、いや晴れた日にも川に流れているのは流木ならぬ流枝なのだ。「なぜだろう?」と訝《いぶか》しんだが、ガイドに聞いても要領を得ない説明しかなかった。メコン川はラオスからカンボジアの南北を流れ、ベトナムへ注ぎ込む。プノンペンの南でトレンサップ川と合流するから、相当の急流である。

ようやく謎が解けた。

ベトナムの木製家具の輸出は年間八〇億ドル。主として中国へ輸出されている。ベトナムは、この家具の原木をラオスとカンボジアから「密輸」している。おおまかな製材を終えた木々である。ラオスとカンボジアの官憲がグルになって、ベトナムの業者から破格の賄賂《わいろ》を受け取っており、とくにカンボジア政府高官に流れている。カンボジア政府は表向き、木材の輸出を禁止している。森林地帯が禿《は》げ山になれば豪雨に襲われて保水力を失い、下流地域は大洪水に見舞われるのは必定だからである。

ところがカンボジアの国立森林公園で行われている闇の伐採は、官憲もアンタッチャブルの世界で、国際査察団の報告でも五〇万立方メートルの木材が不正に輸出されたという。見回りに入った監視団は命がけであり、二〇〇七年以来、じつに二〇名が殺害されている。この一月にも三名の警官が取り締まり中に殺害された。

カンボジアの政治は中国の代理人と言われ、悪評ばかりのフン・セン首相の事実上の独裁だ。野党政治家は刑務所に入れられたか、海外逃亡を余儀なくされ、かれらが西側のメディアに木材不正輸出の実態を詳細に報じるよう働きかけをしてきた。

四年前にもプノンペンに滞在したおり、繁華街でも道路もぬかるみ、あちこちで普請中だった。まともな歩道が少なく、土産になるものと言えば名産の胡椒《こしょう》だけだった。最近はアンコール・ワットをかたどったクッキーが日本人観光客に人気である。

いまビル・ラッシュに見舞われ、あちこちにクレーンが唸《うな》り、中国のゼネコンが請け負う高層ビルの工事が目立つことは述べたが、とくに驚かされるのは中国企業が建てた豪華マンション、空港から市内までだけでも十数軒の高層マンションが並び、ガードマンが玄関に立つ。敷地を高いフェンスで囲い、中国語の大看板がある。

――やれやれ、カンボジアは中国の植民地か。

走る車は八割方がトヨタ、日産、三菱四輪駆動、ホンダなど日本車だ。もちろん中古だが、左ハンドルなので米国からの輸入が主体という。通勤・通学の足は圧倒的にホンダのバイクで、三人乗りどころか、四人乗り、ヘルメットを被っていない。ことほど左様に自転車も買えなかった中産階級の交通手段も変貌《へんぼう》していた。

学校は公立のほか、授業料の高いインタナショナル・スクール、私学もあって金持ちの子弟が通う。一部にリッチな階級が誕生している証拠である。なかにはカンボジア語より大きな書体の「民生学校」という中国語看板。明らかに華僑の子供らが通うのだが、なぜか公立なのである。

雇った現地ガイド（中年女性）に聞くと「父は中国人、母方が三代前まで華僑ですので、わたしも『中国系』ということになります。でも中国語は喋れないし、若い華僑系のカンボジア人だって二割ていどしか北京語を理解できません」と流暢《りゅうちょう》な英語で答えた。中国系はカンボジアに現地化したわけで、この状況はタイと同じである。

日本の存在感は局所的になった

プノンペンで巨大なイオン・モールが盛業中というので見に行った。目標は二三階建てのビジネスホテル「東横イン」のそばという。たしかに、この周辺にのみ、日本が存在しているという雰囲気だ。

イオン・モールは五階建て、上層部は駐車場になっており、三階までテナントがぎっしりと入っている。一階にピザハウスなどに混ざって居酒屋「和民」（日本酒の熱燗《あつかん》もあった）。二階は有名ブランド、スポーツ用品にゲームセンター。学校帰りの子供たちが遊んでいる。ところが三階にあがると回転寿司、長崎チャンポンに鉄板焼きに吉野屋、「あれ、ここは日本か？」。

一階奥のスーパーを覗くと日本製の醤油、即席ラーメンに「赤いきつね」。海苔《のり》、「緑のたぬき」もある。「日本食ブーム」である。日本酒も揃い、寿司パック、おにぎりも売っていて一個が一ドルもする。付近のサラリーマンが買いに来る。ちなみにカンボジアは米ドルが自由に使えるばかりか値札も食堂のメニューもドル表記である。

セントラル・マーケットも市民の買い物で賑わうが、ドリアンの強い匂いに加えて、労働者の汗の匂いが混ざり、早々に外へ出て、周囲の街を歩いた。やはり目立つのは金（ゴールド）・ショップだ。店の看板は全部、中国語だから誰が買いに来るか理解できる。

目抜き通り前は前国王陛下の名前を冠した「シアヌーク通り」、それに併行して旧フランス領だったせいか、「シャルル・ドゴール通り」、最近は中国の支援が顕著なので「毛沢東通り」まであって多国籍である。

ちなみに日本の援助で架橋した橋梁《きょうりょう》は「日本橋」と呼ばれ、その横が中国友誼《ゆうぎ》橋だ。

政治体制は立憲君主制だが、ポル・ポト独裁の残滓《ざんし》が世代によって感覚的に生き残っており、また虐殺のあとが生々しく残酷な歴史を晒《さら》している。

ポル・ポトのキリングフィールドから歳月が流れ、世代交代があって若者が急増して、いま人口は一五〇〇万人にもふくれている。だからベトナムと並んで「若い国」となって、キリングフィールドの残酷な想い出も風化した。

しかしフン・セン首相の背後にあるのが中国、したがって中国の評判は最悪だろうと想像していたが、経済援助が巨額であり、市内には「中国援助」と露骨に漢字で書いたバスも走っている。これだけの支援を目撃すれば国民の中国批判が緩むのも無理はないだろう。

シアヌーク国王は国民に慕われた。

亡くなってしばらくして王宮内に銀閣のごとき仏塔が建立され、これがシアヌークのお墓で献花が絶えない。

郊外のウドンへ行くと、白金の固まりかと思われる仏陀を祀《まつ》る塔が屹立《きつりつ》し、まわりに豪華な卒塔婆《そとば》が並ぶ。ここは十三世紀から数世紀間、カンボジアの首都だったため外国人観光客が多い。西洋人が地図を片手にバスでやって来たりするものの信仰心の稀薄な中国人ツアーは見学コースに入れていない。

付近には粗末な雑貨、みやげ、繊維製品を売る屋台がずらりと並ぶのだが、積極的な呼び込みもなく、のんびりしている。子供たちが駆け寄ってくるのはおやつを強請《ねだ》るためだ。子供らは裸足である。住民の服装を見ても貧しく、ビルなどあるはずがなくプノンペンからわずか一時間あまりのウドンがまるで別の国、開発から取り残されたままだった。

政治に目を転じると、二〇一六年六月の地方選挙で反フン・センを掲げる最大野党「救国党」が大勝した。

衝撃を受けたフン・センは野党党首のケムソカを「国家転覆罪」と言いがかりをつけて逮捕した。このため副党首のム・ソクアら指導部は一斉に海外へ出国した。NGO（非政府組織）のボランティアの活動にも目を光らせるや、言論空間は狭窄《きょうさく》となった。この弾圧のノウハウ、北京の指導なのか、中国とそっくりの独裁統治だ。

カンボジアでは政治的自由がほとんどないのが実情で、国王も政治的発言をしない。

経済的側面を眺めると従来カンボジアにおけるプロジェクトで、ベトナムと中国の綱引きが続き、互いに援助合戦をしてきた。

しかし国民心理を考えると、ＪＩＣＡを基軸として各方面で日本の活躍があり、カンボジア国民は親日派が多い。自衛隊の最初の海外派遣はカンボジアＰＫＯ（国際連合平和維持活動）だった。

一九九三年四月、国際ボランティアの中田厚仁氏が殺害され、同年五月に高田晴行警部補がポル・ポト派に襲われ犠牲となった。二〇一三年にカンボジアを公式訪問した安倍首相は墓地を訪れ献花した。

日本は犠牲を恐れず友好道路や橋梁を架けインフラ建設に大変な活躍をなした。

ところが、そのあとで日本の六倍のカネを中国はカンボジアに注ぎ込み、高級マンションや邸宅群を片っ端から建てて、チャイナタウンとした。

カネを運んでくれる国にカンボジア政府はなびく。

大事なＡＳＥＡＮ会議でも中国非難声明をつぶすのはきまってカンボジアであり、アジアにおける中国の代理人となった。二〇一七年十一月のマニラAPEC（アジア太平洋経済協力）でも舞台裏でカンボジアが工作し「共同声明」から中国の南シナ海侵攻批判は削除された。怒ったトランプ大統領は会議途中で予定をキャンセルし帰国したほどだった。

かくしてカンボジアにおける中国の存在感は際立っており、日本はいまや忘れられかけている。

日本人コミュニティも和気藹々《あいあい》と存在してフリーペーパーも出ているが政治的意見はゼロだ。中味は安いアパート紹介、日本語学校、出張族への便利なホテル案内など。なにしろ朝食付き、露天風呂ありで一泊四〇〇〇円の「東《あずま》ホテル」はホーチミン、ハノイにもあり、日本人ビジネスマンの長期滞在が多い。一度、ハノイで宿泊こそしなかったが、夜そのホテルの居酒屋に行くと紫煙のなか、焼き魚、茶碗蒸しに蕎麦《そば》、焼酎もあって、日本の長期滞在組や単身赴任が集まるのも無理はない。カンボジア語を習得する気がなく、赴任期間を終えたら日本に帰ることばかり考えて、視線が日本を向いているため現地に根付く中国人とは比較にならない。

だが皮相な表の変化より、かつてポル・ポトを支援して大虐殺の後ろ盾となったのが中国であり、年配者は中国の不気味な残酷さを忘れてはいない。

いまはインフラ建設に必要な道路、飛行場、鉄道を敷設しているので沈黙しているにすぎず、いずれカンボジア国民の反中国感情は爆発するだろうと思われた。

「ヤヌスの首」を演じるフィリピン

経済の本格的離陸が見えた

中国勢は尊大に突っ張るが、韓国企業は苦戦、日本企業にチャンスが回ってきたのがフィリピンである。

「フィリピン独立運動のカリスマ」は独立運動の闘士、ホセ・リサールである。

リサールは一八六一年生まれ、スペイン植民地時代にマドリッドへ留学し、スペインを批判した小説を書いて非難され、帰国しても国外退去を命じられ、日本に二ケ月滞在した。日本人のやさしさに感動し、とくに忠臣蔵を見て涙を流したという逸話が残る。

生誕から一〇〇年後の一九六一年に発見された手記には「日本は私を魅了してしまった。美しい風景と花と樹木、そして平和で勇敢で愛嬌《あいきょう》のある国民よ、さようなら」と書き残した。亡命先のベルギーでスペインの植民地主義を痛切に批判し、二冊目の小説を書いた。

帰国後逮捕され、ミンダナオの刑務所に四年服役し釈放、マニラにもどるや、「武装蜂起《ほうき》」に巻き込まれ、銃殺刑。マニラのリサール公園には、その処刑場への足跡を再現している。リサールは独立の先駆者としてフィリピン国民から高く評価されている。

フィリピンの経済成長は近年めざましいものがあり、日本企業の進出が本格化してきた。マニラでは日本語のコミュニティ新聞が日刊で発行されており、日本食レストランも賑わいを見せるようになった。街を歩いても日本人に遭遇する機会が増えた。

ピナツボ火山の大爆発によってクラーク空軍基地は三メートルの火山灰が降り注ぎ、まったく使えなくなった。その西側に広く開けていたスービック湾からも米国艦隊が去った。この「力の真空」状態を見てとった中国はフィリピン領海のスカボロー礁にセメントを流し込み、次々と埋立てて人工の島を作り、軍事施設をもくろんだため、両国はにらみ合った。マニラのチャイナタウンに中国人観光客が寄りつかなくなった。

二〇一三年、大型台風に襲われてレイテ島など甚大な被害を受けた。日本は一〇〇〇名をこえる自衛隊が派遣され救援活動に従事した。米国は空母を近海へ送り、ヘリコプターで医療救援物資を運んだ。日米比が連携した「トモダチ作戦」は鮮やかな印象をフィリピン国民に与え、一四年に米比両国は新しい安保条約を締結するにいたった。

台風被害によって経済は大きく後退するかに見えたが、どっこい、成長速度が落ちただけでＧＤＰはまだまだ増殖の勢い、町並みも迅速に綺麗《きれい》になった。新駅、新都心にぴかぴかの豪華ホテル、クラーク基地跡に行くと幽霊屋敷かと思ったら、これも大間違い、コリアンタウンができており、飛行場が一部再生され、クラークと仁川、香港などから直行便が乗り入れているではないか。

レイテ島に行くと、空港のあるタクロバンはマルコス大統領夫人だったイメルダの故郷でもあり、旧居は博物館になっていた。

南郊外のマッカーサーの再上陸地点には銅像が建立され（パロ海岸レッドビーチ）、なんだかフィリピンの救世主のように扱われている。実際にレイテ島は日本軍との激戦地だけに現地住民には反日感情が少し残るが、台風被害での自衛隊の貢献も手伝ってか、日本が好きという人が増えた。

タクロバン市内に「コンクリートハウス」という原爆ドームのような建物が残る。スペイン人財閥の豪邸を日本軍が接収し第一師団司令部をおいた。それを米軍機が空爆し、残《ざん》骸《がい》は戦後七〇年を経たいまも当時のそのままの形で残り、所有者の台湾華僑はこれを観光拠点にしようと計画中だとか。

レイテ島西側のオルモックへ向かう途中、激戦地リヨン峠を通過する。あちこちに日本軍人の慰霊碑があり、お線香をあげた。この起伏の激しい山岳地帯で日本軍は戦ったのである。慰霊碑は高千穂降下部隊が活躍したブラウェンブリ飛行場跡地、ダガミにある大阪部隊の慰霊碑など。

ただしどの慰霊碑も鎮魂の石碑も、草ぼうぼうとなって遺族の訪問が老齢化とともに減少しているため淋しい風景となっていた。

夕方、ようやくオルモックという港町へ着いた。ここからは対岸セブ島へフェリーもあり、格好のリゾートになっている。洒落《しゃれ》たレストランが建ち並び、けっこう白人の観光客が多い。意外なことに対岸セブ島へは日本人観光客が大挙押し寄せるリゾート地なのに、レイテ島にまでやってくる日本人は少ない。

「バターン死の行進」はフェイク

「バターン死の行進」とかの米国がでっちあげた歴史改ざん（フェイク）のルートを実際に歩いて体験しようと数年前、高山正之氏ら戦史研究家たち一五人でツアーを組んだ。

「バターン死の行進」は、コレヒドールで降伏した米兵六七〇〇名とフィリピン兵が七万人。合計八万人もの大人数を一〇二キロ離れた捕虜収容所まで運ぶ途中、「日本兵の虐待によって数百が死んだ」という「史実」が一人歩きしている。

実際には米兵は武装解除しているので軽装備である。随行した日本兵のほうが背嚢《はいのう》に水筒、武装をしているから重い荷物でふらふらしていた。しんどいのは日本側だった。そのうえ途中で珈琲ブレークの時間があり行く先々ではおにぎりの手配までしていた。その証拠写真もたくさんある（たとえば溝口郁夫『絵具と戦争』）。

あまつさえ出発地点のマリベネスからサンフェルナンドまで一〇二キロ。いまでは道なりに起点から何キロという道路標識がある。

しかし一部区間はトラックで、フェルナンドからは貨車でオドンネル基地まで二〇キロを運んだ。日本兵は「捕虜となって辱めを受けるな」と教わっているので、簡単に降伏する敵兵にどう対応するかわからず慌てた。ただし行軍中にマラリア、コレラなど風土病に冒されていた米兵が五〇〇人から六〇〇人ほど死んだ事実は残る（一部の記録は二三〇〇名の米兵が死亡したとある）。それにしても国際法が定めた捕虜虐待にはあたらない。またフィリピン兵は二万近くが途中で逃げたが、日本側はかれらの逃亡を黙認していた。

途中、カブカーベン（本間―ウエンライト会見地）、カボット台（代表的な激戦地）、バランガ（本間中将の司令部）、デナルピアンを経由した。ようするにコレヒドールで捕虜として米兵等を対岸に移送し、およそ八八キロを行進させたのだ。

「バターン死の行進」の出発地点はマリベンスという小さな港町だった。

記念の小さな公園に「ここから出発」という「ゼロ」の石碑が建っている。その前にフアストフードの店、公園内は近くの老人らが所在なく屯《たむろ》し、のどかな風景があった。隅っこには旭日旗も飾ってあった。

ここから西へ向かうとスービック湾である。かつて米軍の巨大な海軍基地だったが、いまでは工業団地になり、日本、香港、韓国、台湾に加えて中国も大きな投資をしている。米軍の残した施設を利用したマリンスポーツのリゾートやら、ジャングル冒険サバイバル訓練センターなど多角的に転用され、意外に観光客が集まる。これらは華僑か韓国企業の経営という。なるほど、フィリピンも現地に溶け込んだ華僑らの商魂は逞《たくま》しい。

行進ルートにもどると、峻険《しゅんけん》な山道は少なく台地、坂道が多いが、歩行に難儀を極めるほどでもない。フェルナンドという小さな街には駅舎が残り、展示パネルなどを置いて小粒な博物館となっていた。隣がカトリック教会である。われわれが駅舎を見学していると付近の住民がぞろぞろ出てきた。しかし住民等は笑顔で、すこしも日本人への敵愾心《てきがいしん》がなかった。

捕虜収容所跡地は大きな公園になっているが、ここまではさすがに訪れる人がいない。付近の街はナイトクラブで栄えたアンヘレス、同じくクラーク基地で栄えた街はコリアンタウンに変貌し、焼き肉レストランとカラオケばかりだ。

マニラ近郊のマバラカットという街は特別の意味がある。

特攻隊の一番機はフィリピンから飛び立った。その基地がマバラカットである。近くに見えるのはアラヤット山、マバラカットの東飛行場跡に神風特攻隊の記念碑が建立されている。

この記念碑は地元のダニエルディィソン画伯が少年時代に特攻隊員に親切にされた記憶が忘れられず浄財を集めて建立したのだ。ところが九一年のピナツボ火山の噴火で埋まり、九八年に再建されたが、反日派によって破壊された。現在のものは二〇〇〇年に再再建された。入り口には海軍機が大きくデザインされてハイウェイからでも目立つ。慰霊碑の横に写真パネルが飾られ、近くには特攻隊生みの親だった大西滝次郎が自刃した場所がある。われわれは特攻隊記念公園の清掃をして、線香を焚《た》き合掌して、「海ゆかば」を歌った。

果物の宝庫ミンダナオ、建設ラッシュのダバオ

二〇一八年二月に、筆者はミンダナオに行った。ミンダナオ諸島はイスラムが強いうえにルソン島の主流言語であるタガログ語が通じない。

第二の都市、ダバオは周辺を含め五〇〇万都市に変貌している。ここで通じるのは現地の言葉である。あちこちで新築ビル、マンション建設の槌音《つちおと》高く、年金生活をダバオに求

めてやってきた日本人老夫妻にも何組か出会った。しかしイスラム教のモスクはほとんど見かけない。

ミンダナオの都市部では英語が通じると旅行ガイドブックに書かれているのだが、それも観光ガイドとかホテル、高級レストランの話である。ローカルな市場へ行けば、タガログ語さえ通じない。

セブン・イレブンが方々にあり、コンビニ文化が同時に浸透しつつあることは意外だった。行き当たりばったりにタクシーを拾った。ちゃんとメーターで走るタクシーはトヨタが多く、運転手は片言の英語を理解する。だからたいがいの用は足せる。

それより驚いたのはダバオは日本の影響がえらく強いことだった。

街角に建つ外国語学校。盛況は英語、日本語で、中国語、韓国語の選択は少ない。スペイン語は語学研修施設から消えている。

ダバオの町にはマニラ同様に十数もの日本料亭があるが、「吉兆」とか「日本海」とかの命名ではなく、「隊長」とか「将軍」とか、軍隊用語を店名にしている。これはダバオ独特である。

理由はすぐにわかった。

ダバオの郊外、とくにカリナンあたりに「日本人村」が存在していたからだ。

マニラの日本人街は秀吉のキリシタンバテレン追放によって漂流的な亡命をした高山右近（一五五二―一六一五）の時代に存在した。堺商人らが貿易でマニラに出入りしたし、当時の遣欧使節はかならずマニラに寄港した。

いまはマニラの下町＝パコ駅周辺にその残骸も面影もなく駅前の小さな公園に立つ高山右近像は道路工事のため緑色の網がかけられていた。しかも付近の人は誰もタカヤマウコンと言ってもわからなかった。

ところがダバオには戦争中の兵站《へいたん》基地だった「日本トンネル」（防空壕も兼ねた地下要塞跡）が残り、戦争中は全長八キロもあった。そのうちの二〇〇メートルが公開され、兵舎、塹《ざん》壕《ごう》、坑道が見学できる。ガイド付き入場料は五〇ペソ（一二〇円）。しかもこの施設内にはビジネスホテルが建っている。

大東亜戦争でフィリピンが舞台となった激戦地はコレヒドール、レイテだが、ついでミンダナオも激戦地だった。二〇一七年に安倍首相が訪問したとき、ドゥテルテ大統領のダバオの自宅で晩餐《ばんさん》会が行われたが、翌日、昭恵夫人がこれら激戦区跡、日本人墓地を慰霊に訪れている。

ダバオのアポビューホテル（アポ山はフィリピン一高い）に宿泊してタクシーを雇い、このトンエルを見学したあと、「フィリピン・日本歴史資料館」へ行った。運転手は道を知らず、カリナン町に入って、付近の人々に片っ端から聞き回ること四〇分。ようやく発見した同館では日本語がちゃんと通じた。「ここは日本語学校も兼ねているのですか」と聞くとそうではなく、自主的な講座があるとの答えが返ってきた。

この地は二十世紀初頭にマニラ麻のために日本から入植した日本人がコミュニティを作り、往時は「リトル東京」と呼ばれた。

ダバオはドゥテルテ大統領の地盤であり、その人気は圧倒的である。ドゥテルテ大統領は麻薬撲滅を掲げて密売人をばんばん銃殺し、恐れをなしたマフィア構成員の多くが自首した。このため刑務所が満杯となった。

ドゥテルテの激しさはそればかりではなく同じミンダナオの中西部にあるマラウィという都市を灰燼《かいじん》に帰させた。イスラム過激派のマウテ・グループをテロリスト武装勢力として追い詰め、戦車、戦闘機を動員して殲滅《せんめつ》させたのだ。

四〇万都市だったマラウィは廃墟《はいきょ》となり難民四〇万人が付近でいまもキャンプ生活。戦闘は終わったが復興に一〇億ドルを要するという。

マニラにも慰安婦像が……

その乱暴とも言える遣り方に国際世論は人権無視と批判したが、どこ吹く風、かえってフィリピンのナショナリズムを高めた。

ドバイでフィリピンの出稼ぎ女性らがレイプされたり殺害された事件が頻発すると、ドバイへの出稼ぎを一切禁止するという報復措置をとる。

この激しさは次に禁煙政策にあらわれた。

ダバオの街は吸い殻を捨てても五〇〇〇ペソの罰金、ホテル、レストランなどあらゆる場所が禁煙となった。街を歩いても歩道も綺麗で、喫茶店もバアも禁煙という厳しさ。ちなみにマニラでも繁華街、住宅地はそうだが、チャイナタウンへ行くとご婦人の歩きタバコ、下町のギアポ地区へ行けば道路が灰皿と化していた。ドゥテルテの威光もマニラ市民には徹底していないようである。

南国特有の風景が広がるダバオは木々も大柄である。名物のマンゴーなど美味しくて安いので、たくさん食べた。夕食は年金生活者取材のため日本食レストランへ行ったが、アサヒ、札幌、キリンビールに日本酒の熱燗もあった。

乗り換えのためマニラに戻って一泊。ロハス通りのＪＥＮホテルは日本人客についで韓

マニラにそびえる高級マンションも主に中国人が買う

国人が多い。隣接するマンションは豪華版で、聞くと中国人が現金で買うという。付近一帯は新築マンションの建設ラッシュである。

ところがホテルの裏側へ一歩入ると、臭気ただよう貧民街で路上生活者がうようよ、ゴミ収集人に交じって子供たちが裸で駆けている。細い小路にはマリア像の小さな祠《ほこら》がある。

筆者にとってマニラは六回目だが、新たに見たいところがあった。

マニラに「新名所」(?)ができたのだ。夕日が綺麗なマニラ湾に平行する大幹線道路「ロハス・ブルーバード」の遊歩道に突如、「慰安婦像」が建立された(六五ページの写真参照)。日本政府はただちに抗議した。

すでに「アジア女性基金」を設立し、名乗り出たフィリピン女性二百数十名に一人三〇〇万余を支払い「解決ずみ」だからだ。

ところが反日勢力が世界に「歴史戦」を挑んでおり、マニラでも華僑の一部が豪、カナダの反日団体と連携しているのだ。

二〇一八年一月十二日、マニラ市民がまったく知らないうちに在比華僑のなかでも「反日派」が集合して慰安婦像の除幕式を強行した。

マニラのチャイナタウンは金融と流通の町だが数年前に来たときはなかった巨大なショッピングモールが建設され、国際色豊かなレストランがひしめき、一流ブランドの旗艦店も集まっているではないか。壮観である。

その前の通りは早朝から渋滞、タクシーを拾おうにも雲助が多く、案の定、華僑経営の「ゴールドショップ」がある。広場には旧正月らしく十二支の占い掲示板や月餅《げっぺい》の売り場、仙人の人形がならび、中国からの観光客がしきりに写真を撮っている。チャイナタウンでは日本人を見かけないが、モール内には台湾料理に加え、UCC珈琲もあった。

多くの華僑は政治的無関心であり、子弟は米国へ留学する。ほんの一部の過激派が中国共産党の指令をうけて慰安婦像を建立し、北京に過度の忠誠心を見せようという試みと考えられる。

ちなみにこの遊歩道には元大統領やら著名ジャーナリストの銅像も立つが、新しい慰安婦像の付近にいたフィリピン人に聞いても、この像が何を意味し、何を目的に建つのか誰も知らなかった。

観光馬車、得体の知れない物売り、乞食に加えマニラ湾に釣り糸を垂れて、獲れた魚をその場で売っている一群の人々がいる。その五メートルほど隣には、誰かの像が引き倒された残滓があって、剝《む》き出しの鉄筋が台座に突き刺さっていた。

「これは誰の銅像だったのですか?」

「何の理由があって銅像は撤去されたのですか?」

これまた誰も知らない。つまり在比華僑が建てた慰安婦像とて、同じ運命をたどるだろうと思われた。それから二ケ月後の四月下旬、ドゥテルテ大統領は日本に約束したとおりに、この慰安婦像の棄却を命じた。

フィリピン人が陽気なのは南国の気象条件、飢えを知らない果物や米の栽培もあってのことだが、カトリックの影響が強い。

フィリピンを最初に植民地としたのはスペインだった。ラテン系もまた楽天的であり、その後やってきた米国はプロテスタントだったにもかかわらず、カトリック教会がすでに根を下ろしていた。

マリアの小祠《しょうし》は貧民街にもあり、またフィリピンのキリスト教独特な黒いナザレのキリスト像がどの教会にもある。

だから貧乏でも子だくさん、すでにフィリピンの人口は一億人を突破しており、五年以内に日本を抜くと予想されている。

米国の影響はマニラでは強いが、地方へ行くと反米色が強いことに驚かされる。反面、日本のメディアが自虐的に報じたような反日感情は稀薄である。フィリピン人の性格に合致しないせいか韓国人はあまり好かれていない。気ぜわしく短気な人はフィリピンでは尊敬されない。そして近年、独自の歴史見直しが始まり、独立の父リサールの大きな銅像が各地の公園に屹立するようになった。

いってみればフィリピンが独立後はじめて「国学」に目覚めたとも言える現象だ。クラーク基地とスービック湾から米軍が去っても、スカボロー礁が中国に盗まれても、少しも慌てず、ゆったりと自分の歴史に向き合い始めたのである。

フィリピンが中国の暴挙に抗議できない理由

フィリピン領海であるスプラトリー群島の珊瑚礁《さんごしょう》の大部分がすでに中国に盗まれてしまった。

目の前のスカボロー（黄岩）礁にはセメントを流し込まれ、中国の軍事施設の建設が着々と進んだ。ほかにもファイアリー・クロス（永暑）礁に人工島の埋め立て工事がすすみ、なんと三〇〇メートル級、幅二〇〇から三〇〇メートルの滑走路を建設した。

周辺もすでにジョンソン（赤爪）南礁で埋め立て工事、ガベン（南薫）礁、クラテロン（華陽）礁でも軍事施設工事が開始されている。ミスチーフ（美済）環礁とスービ岩礁にレーダー基地が作られている。フィリピン海軍は貧弱な艦船しか保有していないため警備艇の出動もままならない。国際裁判所に提訴し、フィリピンは勝訴したが、事態はなにも変わらない。

これではスプラトリー群島（中国名「南沙群島」）は中国の「不沈空母」ではないか。

中国海軍の戦略は「A2／AD」（接近阻止、領域拒否）と呼ばれ一貫性がある。究極の目標は南シナ海を「中国軍の海」化する軍事拠点の構築である。だがフィリピンが中国非難を積極的にできないのには以下の理由がある。

第一にフィリピン経済は金融、物流、建設などのほとんどの分野が華僑に握られている。アキノ前大統領自身、ご先祖は福建省出身でまぎれもなく中国系である。

第二にフィリピンには統合された文化がない。早くからスペインの植民地であったためカトリック教会が林立してはいるが、原住民にとってこれは借り物の宗教でしかなく、ミンダナオ島など南部は圧倒的にイスラムである。国民のアイデンティティーは稀薄である。

第三が独自の「国語」を持たないことだ。米西戦争でスペインを追い出した征服者アメリカが次なる宗主だった。原住民の文化は中世から窒息状況にあり、スペイン語が普及した土壌に英語がやってきたためタガログ語を喋るフィリピン人は五〇%程度である。タガログ語はもともとマニラ周辺の地方語で、戦後これを改称して普通語とし憲法に定めたものの、多民族国家であるフィリピンは七〇〇〇もの島々からなる島嶼《とうしょ》国家ゆえ普通語の普及にも限界がある。地方語は二〇〇以上あるといわれており、高等教育をうけた若い世代はむしろ英語を流暢《りゅうちょう》に喋る。

第四に産業の構造的欠陥であろう。国内には農業、鉱業、軽工業しかないため海外へ出稼ぎに出るフィリピーノは一〇〇〇万人と推定される。彼らの海外からの送金でフィリピンの外貨準備が成立している。

したがってナショナリズムを煽《あお》って国民を糾合するという政治的手段は駆使したところで部族間の反目という現実を前に、その限界が見えている。国内政治は華僑の影響力が強く、親米が基本とはいえ、どうしても中国批判を避ける傾向になる。

歴史を遡及《そきゅう》すれば十六世紀にスペインの侵略が始まり、当時の皇太子フェリペ（一五二七―一五九八）に由来してラス・フェリピノと名付けたのが始まり。征服される前、紀元前からバイバイン文字を持った独自のマレー系の文化があったことは考古学で立証されている。

一八九八年米西戦争の結果、スペインは徐々に退却し、この間にアギナルドが独立を宣言した、米国は傀儡政権としてアギナルド政権を認めた。アギナルド憲法は米国が押しつけた、現在の日本国憲法と酷似すると言われる。一九一六年に自治を獲得し、三四年には名目上の独立を果たすが、実際は米国植民地に他ならなかった。抵抗したフィリピン人を米軍は四〇万人から五〇万人も虐殺した。

戦後は米国の政治的影響下、反日姿勢を強めた。一九六五年にマルコス政権が誕生し、ようやく日本との関係は修復された。

この間、南部の島々で反政府軍が群雄割拠し、モロ民族解放戦線、新人民軍（中国の支援を受けた旧共産党系）が三井物産の若王子支店長を誘拐した事件も起きた（一九八六年）。さらにイスラム・ゲリラでアルカイダと関係があるアブサヤフの台頭があり、国内治安はまったく回復していない。だから中国批判のトーンも熱狂的なものが欠落しているのである。

蛇足になるが、欧米メディアの伝えるドゥテルテ大統領のイメージはたいそうゆがんでいる。フィリピン国民の大半は彼を支持している。

強靭なベトナムは中国を恐れない

建設ラッシュ、まるで二〇年前の中国

ベトナムは中国が全人代開幕中に、これ見よがしに米空母カール・ビンソンをダナンに寄港させた（二〇一八年三月七日）。

かつての宿敵だったアメリカの最強空母は艦載機七〇機以上。ダナンはいまや海岸沿いにアメリカ系の豪華リゾートホテルが立ち並ぶほどに戦争の傷跡は消えた。そのダナンに四〇年ぶりの米国空母となれば、市民はカメラを持って見物に集まった。反米感情はほとんど消えていた。

ベトナムに筆者は足繁く行っている。ちょうど二〇年前、活況に沸いていた中国のようで、あちこちにクレーンが唸り、ブルドーザが行き交い、ビルの建設ラッシュが続く。

半年見ないでいると「新都心」やらニュータウンやら、それもロサンジェルスかと見まごうばかりの瀟洒なショッピング・ストリート、ぴかぴかの百貨店、摩天楼の豪華ホテルがハノイに建っているではないか。

ハノイの旧市街はフランス植民地時代の建物が多く、劇場、政府庁舎、中央郵便局、博物館など美観にも優れたものが多いが、摩天楼はない。しかし新街区の景観は、ガイドブックには出ていないけれど、別の国に迷い込んだのかという錯覚がある。

とくに摩天楼の林立を目撃すると、「これが現実のベトナムなのか」と驚くことばかりである。

空港の新ターミナルも日本の援助、東南アジアで一番長い吊り橋も日本が建てた。ベトナム戦争が終わり、中越戦争が終わり、全土の地雷除去作業が開始され、町の修復から経済復興が開始された。しかし共産党の一党独裁が強かったため行政の齟齬《そご》が目立ち、ドイモイ路線の前に華僑や金持ちがボートピープルとして大量に逃げ出した。それゆえ建設は遅々として西側からは完全に見捨てられた国だった。二十世紀末まで発展は目立たず、改革はのろのろとしており、外国企業の進出も少なかった。

華僑の海外逃亡がベトナム経済の復興を頓挫《とんざ》させた。この苦境を助けたのが日本企業の進出だった。ついで韓国、台湾、香港、インド。いまや中国企業がおびただしく、最後の参加者が米国企業である。マック、KFC、ペプシコーラはやっと近年の進出である。

いまではホーチミンもハノイも見違えるような繁栄。繁華街は歌舞伎町のようにネオンが輝き、人々の服装も格段に良くなり、美味しいレストランも増えた。名物だった「闇ドル屋」も淘汰《とうた》され、ベトナムの通貨が一流ホテルでも使えるほどに経済力がついたのだ。

リキシャしかなかったタクシーは小型車が主流とはいえ、空港やホテルに待機するのは新車のトヨタやホンダ、たまにヒュンダイもある。

筆者はベトナム戦争中の一九七二年に、当時のサイゴンを取材した経験がある。

市内までの検問が一〇ケ所、空港でビザのチェックに三〇分も時間を要したことを思い出した。宿泊したホテルは河畔に建っていたので夜中に砲弾の音が聞こえた。夕闇とともに付近は米兵相手のバア、怪しげなマッサージ店など。これが、半世紀前の風景だった。

二〇一七年四月のある日、羽田からハノイ行きの全日空機に乗った。

ほぼ満席。札幌、仙台、成田、羽田、名古屋、福岡とベトナム各地は直行便で結ばれており、いずれも満席という。物価が安いから日本人にとってタイより暮らしやすく、またシンガポールのようにツンとすましたところがないのが魅力かもしれない。ただし日本人ツアーはハノイからハロン湾へのクルーズが主流で、激戦地ハイフォンやディエンビエンフーや、中国国境のラオカイへと足を延ばす人は滅多にいない。

ハノイでは日系ホテルに旅装を解いたが、まわりが和食レストランの多いことに驚かされた。ハノイにも日本企業が蝟集《いしゅう》し始めた証拠である。げんに宿泊ホテルのレストランのなかにも和食、寿司、天ぷらがあった。

公園に行くと所在なげな老人たちがベンチに腰かけ世間話。中年おばさんたちの体操、歌声大会、そして野外の散髪屋。下町に出ると人々と車がひしめき合い、安宿、食堂街に外国人ツアー客が引きも切らない。ランタン、蓑傘《みのがさ》、ベトコン・サンダルが欧米観光客の土産に人気とか。春巻きや麺などベトナム料理は安くて美味なので、日本人の若い女性にやけに人気が高まった。

長距離バスでハイフォンへ行った。鉄道は一日三便しかなくバスより時間がかかる。長距離バスはハノイ市内の三ケ所からそれぞれ一五分ごとに出ていて途中の乗り場で次々と人と荷物を載せる。このやり方は中国そっくりである。

激戦の時代、ハイフォン港にはソ連船が出入りして米軍と対峙《たいじ》した。中国は陸路のホーチミンルートを通じて武器弾薬を送りベトコンを支援した。米軍の「北爆」はこのルート上にあるラオス、カンボジア爆撃のことを含め、また戦争中の韓国軍のベトナム人虐殺はいまもベトナム人の恨みを買っている。

意外にアメリカ人は好感で迎えられる。日本人はとくに歓迎される。

ハイフォンへ向かう道路沿いにイオンの大店舗がある。ロッテマートはあちこちにあるが中規模だ。

二時間のドライブ中、ハイウェイの両脇は工場だらけである。日本企業、台湾企業が多い。通勤はオートバイかバスだが、役員らは自家用車通勤。だから道が混んでひどい渋滞の箇所がある。沿線にはまたベトナム国旗、ホーチミンの肖像画、若い国ゆえにナショナリズムを煽って国民を糾合しようとしているわけだ。

ハイフォンへ入ると運河沿いに中心部まで歩いた。公園の中央に巨大な銅像がある。これが女傑レ・チャン像である。周囲は花屋が多いのも意外だが、フランスが建てたいかめしい茶褐色のビルをいまはベトナム海軍省が使っている。中心部はボー・グエン・ザップ通りで、両側には市民会館、劇場、ビジネスホテルが並び、商店街にはレストラン、洒落た喫茶店、そしてインターネットカフェに若者が多い。しかし総じて、この街はシャッター通りである。若者らは出稼ぎに工場地帯へ、そしてハノイへ出たのだ。

遅い昼食に蟹《かに》を混ぜたホー（ベトナムうどん）で有名な「バークー」という店へタクシーで行った。鉄道線をまたぎ、下町にあった。ハイフォンの下町は東南アジア共通の安物屋台、汗の臭い、蚊や蠅《はえ》、サンダル履き、化粧気のない女性たち。それはともかく海ガニをこねてつくった料理、大きな別皿の野菜は無料、ビールも国産。腹いっぱいで一〇〇〇円もしなかった。

書店をのぞく。ベトナム語の雑誌、小説に混ざってここも漫画本があふれているが、この文化的な堕落は日本と似ている。ベトナム戦争中、人々は争うように西田幾多郎、鈴木大拙を読んだ。これらの翻訳が並んでいた。平和ムードのベトナムは依然として一党独裁下にあるとはいえ、精神の荒廃も進んでいるかと訝《いぶ》かった。ただ人々の目が活き活きとしているのは救いである。

激戦地ディエンビエンフーはいま

前から宿題だったが、激戦地ディエンビエンフーに向かった。

フランス軍を破ったベトナムの英雄、かのボー・グエン・ザップ将軍の背後で作戦指導した残留日本兵がいた。戦後、台湾へ軍事指導に行った白団《パイトアン》もあれば、根本中将は金門島での戦闘を指導した。インドネシアも独立戦争に残留日本兵の多くが加わった。

ホテルのビジネスセンターからディエンビエンフー行きを予約すると、向こう三日間飛行機は満員だという。バスだと一二時間ほどかかるのであきらめかけたが、念のためベトナム航空のオフィスに行ってみた。翌日日帰りなら予約可能だというのですぐさまチケットを買った。

ディエンビエンフー空港は田舎の牧場という景観、タクシーを雇ってフランス軍基地跡、博物館、勝利の記念塔、そしてフランス軍司令部跡などを急いで回った。なにしろ飛行機

ベトナム戦争のクチ・トンネルが再現されている

の都合で日帰りしなければならない。のどかな田園、少数民族ターイ族が農耕に従事し、この街には商店街もなく、むろんスーパーも映画館もカラオケもない。

ド・カストリー司令部跡はかつてのトンネルがフェンスで囲まれ、屋台の土産店にはゲバラのTシャツとかベトナム戦争のDVD、ホーチミン伝記など埃《ほこり》を被っていた。

「最近、ここまで観光に来る人なんてほとんどいない。ベトナム人だって中学校の遠足くらいさ、あの戦争はとうに風化したっていうのに、えっ。日本からわざわざ？」

付近にはフランス軍が架けた鉄骨の旧ムオンタイン橋が残り、オートバイがナムゾン川をわたる。中州には野菜、魚介市場がある。川を見下ろすとシジミか何かをザルで獲っている。のんびりした風景に心が和む。

昼どきとなったのでガイドブックに出ていた「ザンドゥックアン」というターイ族のレストランに入る。高床式の座敷もあるが籐椅子《とういす》と卓。まずビールを頼み、ベトナム語はさっぱりなので、運転手に任せると三皿ほどローカルなカバブ風の肉料理がきた。

フランス軍が最後に立て籠《こ》もりあちこちに塹壕を掘ったのが「AI陣地」である。

そのフランスの地下塹壕より、もっと深く掘ってベトナムのゲリラ部隊は九六〇キロ爆弾を仕掛けフランス軍を破ったのだ。

明らかに日露戦争の二〇三高地の闘いを彷彿《ほうふつ》させる。ロシアのベトン基地を陥落させるため乃木大将（一八四九―一九一二）は同様な作戦をとった。

AI陣地跡にしばらく立って植民地主義者と果敢に戦ったベトナム軍、その背後にあって狡猾《こうかつ》に支援した中国共産党、ソ連共産党の動きを思い出した。日本ではベトナム反戦運動が燃えていた時代である。

基地の入り口に「博物館」があり、簡単な模型と写真パネルが飾ってあった。戦車、高射砲の残骸はともかく、狭い「博物館」に展示されたパネルは赤茶け、土産屋もまるで商売っ気がない。帰り際、中国系と見られるツアー団体とすれ違った。

嗚呼《ああ》、ベトナム戦争は遠くなりにけり。

ベトナムは米国との関係を急激に親密化させた。

つい最近も米国の上院議員四名がベトナムを訪問し、政府高官と連続会見した。団長はジョン・マケイン上院議員、クリス・スミス上院外交委員会幹部が加わり、この訪越団と一緒にデンプシー統幕議長の顔もあった。マケインは大統領候補としてオバマに挑戦した大物の共和党議員、ベトナム戦争では空軍パイロットとして参戦し、ベトナムで捕虜となった。

中国の南シナ海での無謀な軍事行動、侵略的行為の数々とスプラトリー、パラセル群島の岩礁、沙州に軍事施設を建設し、自然環境を破壊しつつ海洋リグ工事をやってのけたうえ、一部の岩礁を埋め立てて滑走路の建設。こうした中国のやりかたは地域を不安に陥れ、とくにベトナムは急速に米国との関係を改善してきた。その後、米越関係は緊密度を加速化させ貿易は倍々ゲーム、年率二〇%の増加ぶりである。

スミス上院議員は「ベトナムとは友好関係にあり、米国は海洋の安全が脅かされている友好国の防衛には無関心ではおられず、援助を継続したい」と発言した。マケイン議員は中国を名指しで批判し「地域の安全保障に脅威を与える中国は、責任を取るべきだ。今日に不安定化はすべて中国に責任がある」と激しい。

もっとも最強最大の援助を惜しまないのはわが国である。対越ODA累積はじつに一兆八六三〇億円に達する。二〇一三年一月十六日、発足したばかりの安倍政権が最初の外遊先はベトナム、タイ、インドネシアだった。また岸田前外相は二〇一四年五月の「反中暴動」直後に、「ベトナムに対して巡視船一〇隻を供与する」と発表した。

ベトナムは人口九〇〇〇万人、しかも若者が多い。そのせいかどうか、大変な自負と歴史認識がある。

かのアメリカ帝国主義を倒し、独裁国家中国の侵略戦争をはね返したという自信は当然だろうが、日本に対しても、「元寇《げんこう》はじつは三度目が用意されていたがベトナムのチャンパ王国が反乱をおこして中国の当時の王朝は日本遠征どころではなくなったからだ」とベトナム人は自慢するのである。「三度目の元寇来襲が日本に行けなくなったのはベトナムのおかげである」。

だがこれは牽強付会《けんきょうふかい》で、チャンパ王国（一九二―一八三二）はそもそもシナとは西暦二世紀のころから戦争、騒乱、反乱を繰り返してきたうえ、かれらは現在のベトナム人ではない。ダナン南方に残る世界遺産のミーソン遺跡は、このチャンパ王国の遺産とも言われるが、あきらかに漢族文明と異なり、ヒンズーの影響が残る。この時代すでにベトナムには言語と文字があったこともわかっている。

ベトナムは歴史始まって以来、一七回、中国から侵略された。元寇をはね返したのは鎌倉武士の強さであり、その強靭《きょうじん》な戦闘力と武装組織であり元軍は博多にも平戸にも上陸できなかった。上陸をあきらめて船上に待機した夜に強い風がきたのだ。この点をウランバートルに行ったおり、モンゴル人にも言うと「え、台風だけじゃなく日本の武士が強かったのですか」と目を丸くされたことがある。

そもそも「ベトナムに歴史学者はまれにしか存在せず対米戦争を叙述した書籍さえ見当たらない」（ビル・ヘイトン『南シナ海』、エール大学出版会、本邦未訳）。

そのベトナムが正面から中国に牙をむいたのだ。

微妙な政治的影響を持つロシア

忘れがちな事実がもう一つある。ベトナムとロシアが仲良しであるという重要な事実を再確認しておく必要がある。

現在のベトナムの大統領、首相ら政府幹部はロシア留学組か「ロシア・スクール」と呼ばれる革命運動の政治人脈から出ている。ベトナムの独裁政党は旧ソ連型の支配メカニズムによって成り立っている。

ソ連は崩壊したが、新生ロシアとなってもベトナムとの友好関係は変化がなく、カムラン湾にロシア軍艦が頻繁に寄港している。つまり米ソ冷戦時代に巧妙なバランスを維持し鵺《ぬえ》的な政治行動をとったベトナムは、南シナ海での中国との軍事バランスを、一方で日米に急接近し、他方ではロシア・カードも使うことによって立場を強くしようとしているのだ。

げんにベトナム軍の武器は九三%がソ連製であり、その補給はロシアになっても続行され、潜水艦の三分の一はロシアから供与された。

こうした文脈からウクライナを巡る問題でベトナムはロシア制裁に加わらない。一方でロシアは中国との関係が重要なため、スプラトリー問題ではベトナムの主張にも、中国の領有権主張にも、中立の立場を堅持し、資源開発関連のプロジェクトを軸にベトナムへの投資は増やしているのである。

「西側のロシア制裁の反作用として東アジアに再接近しているのではなく、むしろロシアは中国とベトナムの間に入って仲裁を主導することができる」（英語版「プラウダ」、一五年一月八日）

考えてみればベトナム戦争中、米国と戦うベトコンを大々的に支援したのはソ連だった。武器・弾薬はソ連から運ばれ、間接的に米国に敵対した。ベトナム戦争が終わり、ソ連は徐々に対越援助を減らしたが政治的影響力は残した。

ベトナムが過去の戦争を忘れて、米国に近づいたのは一九七九年の中越戦争からしばらく経ってからである。

あの戦争で捕虜となってベトナムの監獄にいたマケイン上院議員は、いまやベトナムを何度も訪問するほどに関係は劇的に変わった。やはりベトナム戦争に参加したジョン・ケリー前国務長官も足繁くベトナムに通いつめる時代である。

ベトナムは紀元前二世紀から十世紀まで中国に朝貢していた。この国は歴史的アイデンティティーが稀薄であり、多くの民族が混在しているため複雑であり、多層的であり、かつベトナム人歴史家が、ちゃんとしたベトナムの歴史を語れない。米国ではベトナム戦争に関して膨大な著作群があり、映画も何本も作られて当時の国防長官マクナマラ（一九一六―二〇〇九）さえも「あれは間違った戦争だ」と懺悔《ざんげ》し、著名なジャーナリストのハルバースタム（一九三四―二〇〇七）は『ベスト&ブライティスト』を書いて、「かくも最善で理知的な指導者が揃っていた米国が、なぜあんな（愚かな）戦争を繰り広げたか」と言った。

ところがベトナムでは中越戦争は「北の国と闘った」とだけ教え、米国とも「帝国主義との戦争があった」としか教えていない。あれほど悲惨な被害にあったのに、ベトナム人は米国を憎んでいない。

「ベトナムのナショナリズムはアンチ中国となると、途端に燃えるのである」(ビル・ヘイトン、前掲書)。

中国のナショナリズムは、社会の混乱のなかで矛盾のすり替えに役立つとはいえ、身勝手な国民には団結という概念が薄い。したがってナショナリズムの組織化にはなかなか成功しない。中国に吹き荒れた「反日暴動」も民衆の自然の発露ではなく、公安系が謀略的に演出した政治ジェスチャーでしかないことは常識である。

だからベトナムへ行くと、数こそ少ないがロシア人には友好的で驚くほどである。日本人にはもちろん情緒的な親しみをもって接してくるが、韓国人と中国人には決して心を許していない。韓国人は戦争中、残虐行為を繰り返し、あげくには数万の混血児をベトナムに置き去りにして去った。ベトナム各地には韓国軍の悪行の数々を展示した壁画や記念館が建てられ、鮮明な記憶として残っている。いまのところ韓国からの投資が巨額であるためベトナム人は韓国企業を歓迎してはいるが……。

高まる反韓国感情、分水嶺はダナン

ダナンへ成田から直行便が飛ぶようになったのでベトナムの「その後」がどうなってい

るか取材したのは、あの反中暴動から三ケ月後の二〇一四年八月だった。

ダナンの沖合がスプラトリー群島の南端に位置し、中国は白昼堂々と、この海域に海洋リグを建てて石油を盗掘しようとした。

ダナンから古都のフエにかけては工業団地が多く、日本企業もかなり進出している。幹線道路は日本の援助で作られた。河岸のレストランで食事したところ満員、それもベトナム人の家族連れか、カップル。まるでファミレスである。経済的に豊かになりつつある証明のような風景だ。ダナンの都心部にはカテドラル教会もあって夕方のミサはかなりの人混み、デパートも人出がある。大手スーパーは韓国系だ。

新市街区は海岸寄りに開け海辺には高級リゾートホテルが軒をきそう。これらの豪華リゾートはハイヤット、マンダリン、フラマ等とみな外資系である。しかしその間の土地は空いていて工場団地予定地に進出が予定される中国系企業は看板さえない。まだまだ工場建築に空き地がある。

ダナン―フエを結ぶ幹線道路の主要区間と、間に横たわる山岳地帯に六・三キロの長いトンネルを完成させたのも日本の援助による。トンネルの入り口と出口にはちゃんと日本の国旗が大きく嵌《は》め込まれて感謝の表示がある。

フエはグエン王朝の首都、王宮跡が残り、堀があり、付近は緑が豊かで花々が美しく咲き乱れている。この王宮跡に中国人観光客が多いのもグエン王朝が中国系であったからだろう。

一眼レフカメラを抱えているから中国人とすぐにわかるが、以前ほど多くはなく、むしろ台湾と韓国からのツアーが目立った。

韓国人はかなり乱雑に振る舞っている。ベトナム人の対韓国感情は悪いが、流通、小売り、観光産業への投資が顕著なため、じっとその横暴に耐えているという感じだ。実際にロッテリア・マート（大型小売店）、ヒュンダイ・ホテル。各地にロッテリア……小売りと流通では韓国が顕著な存在となっている。

韓国の対越投資は二〇一六年末までに累計五〇〇億ドル（約五兆五〇〇〇億円）に及び、四二二四社が進出、おどろくことに韓国企業輸出額は三二七億ドルで、輸出額の全体の三〇%を占め、とりわけサムスンのベトナム工場からは携帯端末などが輸出されており、三四四億ドルの外貨を稼ぎ出してトップの座にある。

だからベトナム人は中国企業を焼き討ちしても韓国企業を狙わないようである。

二枚舌を得意芸とするミャンマー

スーチーは「希望の星」から「絶望の印」に

アウンサン・スーチーはミャンマーで一番有名な女性政治家である。

ミャンマー大統領の名前を知らなくてもスーチーの名前は誰でも知っている。「ビルマ建国の父」としていまも尊敬されるアウンサン将軍（一九一五―一九四七）の娘。しかもノーベル平和賞受賞。欧米マスコミが軍事政権時代に「民主化の旗手」などと派手に持ち上げた。

ところがスーチー贔屓《びいき》だった全米一の週刊誌「TIME」（二〇一四年十二月一日号）が、四年も前に「スーチーはミャンマー国民から浮き上がっており人気急落中」という実相を報じた。

スーチーの選挙地盤はイワラジ川のデルタ地帯である。だが選挙区にはほとんど帰らずヤンゴン（ミャンマーの商都）の瀟洒な邸宅暮らし、国会でもほとんど発言をしなくなった。国会のあるネーピードーは森の中、はてしなく宏大な台地に建設され、付近には国防省、文化省などすべての省庁が森と森に囲まれ、深い緑のなかに造営された。

ミャンマー国会は世界一宏大な面積だという。つまり官庁街は隣のビルへ行くにもクルマで一〇分ほどかかる。ネーピードーには十数本もの幹線道路が敷かれているが、交通量は滅法少なく、ホテルもほとんどがリゾート形式である。二〇一四年十一月のASEAN首脳会議は、このネーピードーで開催され、オバマ大統領も安倍首相も、インドのモディ首相も豪のアボット首相、そして中国は李克強首相、韓国は朴前大統領が勢揃いした。ネーピードーの森の中のヴィラに泊まったのだ。

スーチーはミャンマー憲法によって大統領への立候補が禁止されている。外国人の配偶者、子供を持つ者は大統領にはなれないという厳格な規定があり、国会での改正議論はなされない。国会議員の四分の一はエリート軍人である。スーチーの死んだ夫は英国人（それも情報員だった）。二人の息子は英国籍である。

テイン・セイン前政権は民主化を進め、外国からの投資を誘致し、経済成長が急速に上昇し始めて報道出版の自由が認められた。とはいえ人口五〇〇〇万に対して異常に多い三五万人の軍隊をかかえ、山岳地帯と雲南省との国境周辺、とくにミートキーナあたりではゲリラ戦争が続き、少数民族の武装派は休戦に応じない。とくにカチン、シャン、モン各部族は強悍《きょうかん》である。

西部のロヒンギャ周辺は英国植民地時代に英国がミャンマーを分割統治するためにバングラデシュのイスラム教徒を大量に入植させた地域だ。

ミャンマーの仏教原理主義過激派は、このイスラムの村々を敵視している。ときおり暴動が発生し、おびただしいムスリムが犠牲になった。二〇一八年五月現在も四十数万人が難民キャンプで暮らしている。カチン、カレンなどの少数山岳民族も英国の分割統治の影響でキリスト教であり、これら少数民族は共通してビルマ人を憎んでいる。

スーチーは外国メディアとのインタビューを断り続け、また欧米の人権監視団体との面接も避けている。それというのもカチン族、シャン族の間にはスーチーへの不信感が拡大しており「ミャンマーはビルマ人だけのものではない。少数民族は合計で四割の人口があるというのに、彼女はビルマ人にしか目を向けていない」と批判するのだ。

山岳ゲリラの猖獗《しょうけつ》とビルマ人嫌いは一〇〇〇年以上続く民族対立が原因で、早期に解決する方法がない。

しかも少数民族は武装しており、国境一帯はアウンサン時代から、あるいは国共内戦の影響で共産党にやられた国民党残党らが入り込み、以後、麻薬の栽培地、密輸ルートでもある。

またスーチーの選挙地盤イラワジ川デルタでは土地の投機がおこり不動産が三倍に跳ね

ミャンマーの地獄絵巻

上がって、スーチーは無力との批判がビルマ族の間にも広がってしまった。ミャンマーの意外な側面が明らかにされた。

とはいえ日本企業が進出しているのはヤンゴンと南の港周辺で、第二の都市マンダレーともなるとほとんどが中国企業である。

ロヒンギャというアポリア

ミャンマーからバングラデシュへ逃れたロヒンギャ難民は「六八万余」(「アジアタイムズ」二〇一八年二月十四日)に達した。

国際社会はスーチー政権を痛烈に批判し、その非人道的な処遇に怒りをぶつけているが、もともとは英国の植民地における民族隔離政策が原因である。だから英国のメディアが一番激烈にスーチーを攻撃し、ロンドン議会は名誉称号を剝奪《はくだつ》した。この歴史のアイロニーを鋭角的に衝いてロヒンギャ問題を英国の責任とするのは中国である。

ミャンマーの孤立という絶好の機会を捉えて、外交に活用するのが、中国の遣り方。隙《すき》間《ま》をぬってヤンゴンに突如として笑顔で近づいた。

王毅《おうき》外相は急遽《きゅうきょ》、ヤンゴンを訪問し、高らかにミャンマー支援を約束した。中国のメディアは「ロヒンギャはテロリスト」と国際社会とはまったく異なる分析をして見せた。

実際のところ、中国にとってロヒンギャ問題は、直接的影響が稀薄である。かれらの居住区（ラカイン州）に拠点があるガスと原油のパイプラインの安全こそ気になっているが、中国がもっとも懸念しているのは、むしろカチン族、シャン族、ワ族、カレン族の武装勢力との武力衝突である。とくにカチン族とシャン族は中国との国境に盤踞《ばんきょ》する。

いま一つはロヒンギャがイスラム教徒であり、かれらの一部が流れ込んだと推測される新疆ウイグル自治区のイスラム過激派との連携を警戒している。

ミャンマーの孤立を救うかに見える中国は、テイン・セイン前政権がキャンセルしたイラワジ川の水力ダムの復活を狙っているが、これは住民の反対運動が継続しており、円滑には進まないだろう。

パイプラインをすでに完成している中国としては、次にミャンマー港湾の大活用を狙うのが「カヤウクファユ経済特別区」の開発である。この自然の港湾は深海であり、現在、大規模なコンテナ基地を増設中である。

このプロジェクトはＣＩＴＩＣ（中国国際投資信託公司）が主導権を握り、ミャンマー政府との合弁事業として、中国港湾エンジニアリング公司、雲南建設集団など中国系企業三社と、タイのＣＰグループ（チャローン・ポカパン・グループ）が参画して国際的なコングロマリットを形成し、コンテナヤードの拡大と付近の工業団地、輸出特別区など宏大な施設を作るという青写真のもと、工事が進捗《しんちょく》している。この経済特区の建設現場は、ラカイン州の南部に位置し、ロヒンギャとの衝突現場からはやや遠隔地になる。

まさに中国は「人権」を逆手に、ミャンマーを外交的に活用して得点を上げる。「ご都合主義的な、あまりにご都合主義的な」カメレオン外交には要注意だろう。

ミャンマー側はミートキーナ（中国名は「密支那」）を拠点にシャン族が多い。雲南省との国境にはコーカン族（中国名は「果敢族」）が住んでいる。コーカン族は中国系で、明朝末期に中央を追われ、この辺疆《へんきょう》へと流れついた。一族の長は楊一族で、一帯で麻薬の原料となるケシ栽培で生計を立ててきた。ほかにめぼしい農作物と言えば芋くらいしかない。平野部へ出ると米ができる。

このコーカン族の過激派が組織する「ミャンマー民族民主同盟軍」は二〇〇〇名から四〇〇〇名のメンバーが中国製の武器で武装している。戦闘員には中国人の傭兵《ようへい》も加わっているとミャンマー側は見ている。

中国雲南省西部一帯は大東亜戦争中、インパール作戦で日本軍が基地とした拉孟《らもう》に近い場所である。革命後は国民党残党の拠点ともなった。高稜と霧の深い山岳、絶壁が続き、少数民族のイ族、ワ族も共生している。

中国世論は爆撃事件に一斉に反発し、「ミャンマーを撃て」「血には血を以て」などと勇ましくも好戦的な意見が並び、「懲罰を加えるべきだ」とする要求がネットにあふれた。

雲南省の国境周辺には装甲車、高射砲移動トラック、空輸された兵士に満ちあふれ、いまにもミャンマー侵攻を崩さない構えを見せていた。

ミャンマー側にはビルマ族に反旗を翻すシャン族が多い。ワ族も混じり、雲南省は中国最大のワ族集中地帯。ワ族は合計一二〇万人ほどが存在しており、クメール系で色浅黒く、つい先ごろまで首狩りの習慣があった。

コーカン族と同じくケシ栽培に従事してきたため勢力争いを繰り返している。

このためワ族の過激派も中国製武器で武装している。とはいえ山岳地帯で峻険な山稜と獣道しかなく、戦車が通過するには困難をともなうため、中国側が攻撃に出なければ、本格的戦争には至らないだろうと観測筋は予測している。

魅力の微笑で相手を手玉にとるタイ

タイは心の底から親日だろうか？

タイはバンコクとアユタヤに日本企業の製造拠点が集中している。

ところが二〇一二年にタイ南部を襲った洪水被害により工場浸水、操業中断に追い込まれたため出荷遅れが続出し、日本企業は悲鳴を上げた。

二〇一三年一月の安倍首相訪問では、まっさきにアユタヤ県からバンコクにかけての洪水対策に積極的に協力することが謳《うた》われた。

筆者は一九七二年師走にタイに最初に行った。チュラロンコン大学やタマサート大学の学生運動が日の丸に×をつけて「日貨排斥」運動を展開したときだった。国旗を侮辱されたことに抗議するため学生センターに抗議に行ったのだ。そして日貨排斥運動の背後に華僑がいて、日本企業、とくにデパートの進出を不愉快に思っていた華僑小売り経営者等が資金を出していた事実を突き止めた。

翌一九七三年に学生運動を軍が鎮圧する「血の日曜日事件」が起こり、国際的な批判が渦巻いてタノム政権が退陣した。直後から学生運動は華僑系と少数民族系に分裂し、血で血を洗う内ゲバに発展した。筆者は現場に通って多くのルポを書いた。当時のタイ女性はサンダル履きか裸足で、化粧してタバコを吸う女性は売春婦と相場が決まっていた。いまや一般女性もパーマ、ミニスカ、資生堂、スマホ、そして賃金が上がり、タイ人の若者が大挙して日本に観光旅行にやってくるようになった。

表向きのほほえみとホスピタリティに飛んでおり、料理も口に合うせいか、日本人はタイが大好き。年間一六〇万人が押し寄せるうえ、年金生活者でタイに暮らす老人も多い。

日本企業の進出は六一四三社（JETRO、二〇一七年十月現在）、バンコクだけでも五万人の日本人が滞在しており、日本料理、寿司バア、日本人相手のナイトクラブに日本人町（スクンビット地区）へ行くと日本のスーパーに古本屋、日本式マッサージ、日本式ラーメン屋にいたっては、いたる所にある。

このタイに陰の部分がある。同性愛が多いためエイズが蔓延《まんえん》しており、近代化したとはいえ、前近代的な不衛生状態が改善されていない。交通渋滞は日本の援助による地下鉄などで多少は解消されたとはいえ、もともと東洋のベニスといわれた河川都市がバンコクであり、狭い道路がつながり合う橋の周辺など交通渋滞はおさまらない。

もう一つ、タイ経済の金融と物流・小売りは華僑が支配していることである。人口の一四％が中国系という統計だが、もともと十三世紀に華南からタイへ入り込んできたのが華僑であり、タイ人に同化した。タクシンもアピシットもインラックも、歴代首相は華僑の末裔《まつえい》である。

タイの先住民族は山岳地帯から農村に住み、かれらはいまでは少数民族（原住民はクメール、カチン、カレン、モン族など）。したがってタイ政治がややこしいのは仏教国とはいえ、基本原理は国王の統治、そして国王が任命する最高裁判所が都合のよい判例を作るので、西欧の民主主義とは異なる。

またこの国の王様は万世一系ではなく、戦争によって王制が交替してきた。十三世紀のスコータイ王朝からアユタヤ王朝（一三五〇―一七六七）、トンブリー王朝（一七六七―一七八二）を経て、現在のチャクリー王朝となり、初代ラマ国王の決断でバンコクへ遷都した（一七八二年）。

タイは戦前・戦後を通じて独立を維持できたが、それは日本が支援したという力学的要素に加え、他方で欧米寄りのタイ人政治家が列強とのバランスを取った。そのうえ欧米列強はインドシナ支配とインド文明圏植民地との狭間にある地政学的有利性からタイを独立させたまま緩衝地帯として政治的に活用してきたからだ。

ベトナム戦争中、反共の防波堤などとして米軍が経済支援も行ったため、悪名高いパッポンストリートやパタヤビーチなどで売春ビジネスも横行した。

日本の援助と企業進出によってタイは農業国家から軽工業国家への離陸ができた。もちろん、日本企業ばかりか華僑のコネクションや欧米の技術支援があった。なかでも最大の支援国は日本であり、タイ人が日本を好きな理由の一つでもある。

バンコクでもチェンマイでも、チャイナタウンは殷賑《いんしん》を極めており、十数種の華字紙、週刊誌が出ているが、すでに華僑三世、四世は英語を読めても漢字は読めず、影響力を急速に失っている。

タクシン兄妹の興亡

二〇一四年五月、タイでは戦後二〇回目だかの「軍事クーデター」が起こり、インラック政権は一夜でついえた。

兄貴のタクシンは外国に事実上亡命しておりリモート・コントロールで政治を操っていたはずだったのにタイはいつしかもとの政治状況に復元されていた。

考えてみればタイは軍事政権→民政移管→司法クーデター→軍事クーデターが繰り返さ

バンコクの風俗街は外国人でにぎわう

れ、いよいよ土壇場になると、国王陛下が介入して混乱は納まるという目に見えないタイ式メカニズムが機能する。

タクシン元首相支持派は農村部に多く、かれらがふたたび「赤シャツ隊」として、バンコクに集合してデモと集会を連日行うようになるとタイはふたたび麻痺状態に陥る。

ククリット・プラーモート首相（一九一一—一九九五）が「十二月八日」という文章を残している（「サイヤム・ラット」一九五五年六月）。「日本のおかげで、アジア諸国はすべて独立した。日本というお母さんは難産で母体をそこなったが、生まれた子供はすくすくと育っている。今日、東南アジアの諸国民が、米英と対等に話ができるのは、いったい誰のおかげであるのか。それは身を殺して仁をなした日本というお母さんがあったがためである。十二月八日（真珠湾攻撃の大東亜戦争開戦の日）は、われわれにこの重大な思想を示してくれたお母さんが、一身を賭《と》して重大決心された日である。われわれはこの日を忘れてはならない」

イギリスの歴史学者、アーノルド・トインビー博士（一八八九―一九七五）は日本をこう評価した。

「第二次大戦において日本人は日本のためというよりも、むしろ戦争によって利益を得た国々のために、偉大なる歴史を残したと言わねばならない。その国々とは日本の掲げた短命な理想であった大東亜共栄圏に含まれていた国々である。日本人が歴史上に残した業績の意義は西洋人以外の人類の面前において、アジアとアフリカを支配してきた西洋人が過去二〇〇年の間に考えられていたような、不敗の半神でないことを明らかに示した点にある」（「オブザーバー」一九五六年十月二十八日英紙）

肝心の日本人が十二月八日の意義をすっぽりと忘れた。「大東亜戦争」を「太平洋戦争」だと言い変えを強要され、侵略戦争だったと洗脳され、武士道精神を喪失させられた現代日本人は精神的に陥落した。

王国三四〇年の夢が呼び戻された

中国が静かに忍び込んできた。

タイの東西を横切る「クラ運河」の建設構想はナライ王（在位一六五六―一六八八）が一六七七年に発案されて以来、タイ国王の夢であった。

マラッカ海峡を迂回《うかい》せずとも、タイの南側に運河を開墾し、インド洋から太平洋に直行できれば、パナマ運河に匹敵する世紀の壮挙。運送時間も劇的な短縮となる。

レセップスがタイ王室に対してプロジェクトを持ちかけたとき、フランスの影響力拡大を恐れた英国が反対し、やはり計画はつぶされた。現在の構想では全長一〇二キロ、運河幅四〇〇メートル、深さ二五メートル。工期はおよそ一〇年と予測される。

一九七〇年前後、クラ運河開発にもっとも積極的だったのは、じつは日本の財界だった。ハーマン・カーン博士（一九二二―一九八三）は、「核兵器の平和利用」をぶち挙げ、すぐさま下田駐米大使（当時）が賛同し、メディアは連日騒いだことがあった。

核兵器を地下で爆発させると掘削作業を簡素化できるから、工期も短く、費用も圧縮できるという薔薇《ばら》色のシナリオだったが、環境破壊、生態系の激変、地下地盤ならびに海域の汚染が予測され、住民の反対とメディアの一斉キャンペーンによって、この構想はついえた。以後、シミュレーションと現地調査を行う研究所だけが残され、タイ王国そのものも興味を失った。とくにプミポン前国王はクラ運河に関心を示さなかった。

日本にとっては、およそ九〇％の輸入石油はマラッカ、スンダ、ロンボクの三つの海峡を経てタンカーは南シナ海を通過し、日本に運ばれる。クラ運河が完成すれば、マラッカ海峡迂回距離一二〇〇キロが短縮され、航海日数は二、三日セーブできる。同じくスンダ海峡なら二八〇〇キロ（四、五日の短縮）、ロンボク海峡なら三五〇〇キロ（五、六日間の航海短縮となる）。タクシン元首相、インラック前首相の時代、クラ運河の話は一度も議題とはならず、また軍事政権となってからもクラ運河の「く」の字も出なかった。軍事政権は「汚職をコントロールできないのに、総額五〇〇億ドルもかかるような世紀のプロジェクトを推進できるはずがない」と最初から、プロジェクトにありがちな、途中でかならず行方不明となる資金を案じて、「前進しないことが、善政」というわけだった。

南シナ海を制御できる立場をえた中国が突如積極的になった

現国王の時代になると、事態は変化する。国王陛下は、世紀のプロジェクトに前向きの興味を示されたからで、背景にあるのはタイ経済の未来への青写真である。というのも現在のマラッカ海峡は年間八万四〇〇〇隻が通過するが、キャパシティは一二万二〇〇〇隻。

まもなく満杯に近くなる。パナマ運河が航行能力のキャパ満杯となって拡張工事を行った際には多国籍企業の応援があった。

もう一つの魅力は現在のシンガポールが享受している通過点としてのメリットだ。中継費用、燃料の積み入れなど、サイドビジネスが潤うことである。だからこれらのビジネスを失う恐れが高いシンガポールが猛烈な反対に回るわけだ。

そして国際環境の最大の変化要因は言うまでもなく中国である。

一九七〇年代の中国は文革の最中、しかも自動車もほとんどない。自転車が贅沢《ぜいたく》とされていた時代の中国では石油を自足できた。その中国が日量九〇〇万バーレルの石油輸入国となり、しかも軍事力を飛躍させて南シナ海の七つの岩礁を埋立てた。クラ運河と聞いて、中国の目の色が変わり軍事政権を通してタイ王室に接近する。

まっさきに手を挙げているのが南シナ海の人工島工事を請け負った実績をほこるロンガオ（龍浩工程）社だ。同社グループは貨物飛行機、地下鉄コンコース、地下アーケード街工事などを手がけてきており、デベロッパーとしても広く知られる。

「しかし壮大なプロジェクトゆえにすぐに動き出すことはありえない」と情報筋は分析している（「アジアタイムズ」二〇一八年一月二十五日）。

多面性を持つインドネシア

インドネシア独立は日本のおかげだった

インドネシアの政治学博士、アリフィン・ベイ（ナショナル大学日本研究センター所長）はこう言った。

「日本軍に占領された国々にとって、第二次世界大戦とは、ある面では日本の軍事的南進という形をとり、他面では近代化した日本の精神的、技術的面との出会いであった。日本が戦争に負けて日本の軍隊が引き揚げた後、アジア諸国に残っていたのは他ならぬ日本の精神的、技術的遺産であった。この遺産が第二次大戦後に新しく起こった東南アジアの民族独立運動にとって、どれだけ多くの貢献をしたかを認めなければならない。日本が敗戦国になったとはいえ、その精神的遺産は、アジア諸国に高く評価されているのである。そのひとつに、東南アジアの教育に与えた影響があげられる。（日本は）目標達成のためにどれほど必死にやらねばならないのかということを我々に教えたのであった。この必死の訓練が、後のインドネシア独立戦争のときに役立った」（『魂を失ったニッポン』啓明書房）

この親日国家・インドネシアがいま直面している問題は産油国やロシア同様の悩みで、原油安により高い経済成長率が今後も維持できるかどうか、である。

ジョコ・ウィドド大統領が真っ先に手を付けたのが東南アジアの「海の回廊」を円滑化させるための港湾整備である。

かつて石油ショックのおり、次々と新油田が稼働したナイジェリアに一大ブームがあった。ラゴス港の沖合待ちが一ケ月という信じられない状況が報道された。理由は港湾のインフラが整っておらず、貨物の陸揚げに時間がかかる。集荷された貨物も倉庫のセキュリティが悪くて盗難にあったり、荷役作業が統一されておらず、コンテナ基地も建設が遅れていた。

インドネシアの首都ジャカルタのタンジュンプリオク港は殺到する貨物に倉庫スペースも追いつかず「つぎはぎ」状態にある。コンテナターミナルでの滞貨が一二日に及んだりで、向こう五カ年計画で二四の港を整備し、総予算五兆円を投じる。タンジュンプリオクの沖合に人工島がようやく完成、貨物取り扱い量が激増するが、それでも追いつけない。

インフラ整備に日本が協力する理由は目先の利益ではなく、構造の根幹、産業の基礎が大事だからである。これまでは第一に発電、第二に道路整備、上下水道だった。港湾、空港整備は後回しにされてきた。それゆえに真っ先に港湾整備を完成したシンガポールが中継

ジャカルタ・チャイナタウンにある仏教寺院

貿易地として東南アジアのなかで一人繁栄したのだ。

ジャカルタとバンドンへ行ってみたが、じつは四十数年前にジャカルタ、デンパサールを旅行して以来二度目、その甚だしい摩天楼の林立ぶりには度肝を抜かれた。そのうえジャカルタには「日本人村」ができており、スーパーでは冷や奴、惣菜、幕の内弁当、おでんがあり、付近には日本とそっくりな居酒屋にナイトクラブまで「完備」していた。

よほど日本人ビジネスマンが多い証拠である。そしておそらく居心地も良いのであろう。日本企業の対インドネシア投資は、順調に伸びており、五四億九〇万ドルに及び、進出企業も一五三三社（ジェトロ、二〇一五年十一月現在）を数える。

東チモールは小さな島嶼国家だが、地政学的要衝

インドネシアが抱えるもう一つの問題は西側の世論工作とオーストラリアの政治工作によって領土が強引にもぎ取られてしまった東チモールである。

すでに国連加盟を果たして独立国となった東チモールにも中国の影響がひたひたと押し寄せている。

東チモールはもともと王国だった。十三世紀ごろから中国人、つまり客家の入植が始まり、現地人との混血もあったため、中国人の血筋を持つチモール人がかなりいる。

現在、東チモールの人口は六〇万人強だが、中国人が推定七〇〇〇人弱。一九七〇年の人口調査では六一二〇人だった。

ポルトガル、オランダに占領され、戦争中は日本軍が占領し、独立の気運が燃え広がったときにインドネシアが軍を進めて、併合した。独立から一五年、政情はなんとか落ち着いたかに見える。しかし大統領派vs.首相派、独立反対派vs.ナショナリストの対立に加え、軍隊のなかにも主流派と反主流派が対立しており、小さな国なのに少数政党が乱立。単独過半の政党はない。

首都ディリに日本の大使館を開設し、経済援助のためＪＩＣＡを中心に在留邦人は一一

六名（外務省史料）という。

産業といえば、ガスと石油しかない。しかも沖合の油田の共同プロジェクトは豪ともめ続けており、「チモール海条約」は破棄された。

またインドネシアとは根が深い因縁があり独立直後の西側の支援もほぼ息切れ。当然、こういうチャンスを活かす国がある。中国はさっと東チモールに接近し、まずは住宅建設のお手伝いと称して、六〇〇〇万ドルを投下した。

なんとディリでビル建設が始まった。このため北京、上海、深圳《しんせん》、義烏《ぎう》、広州、香港を経由する貨物便（チャーター便）がディリと中国との間に開設され、労働者も入った。

昨年には中国軍の艦艇が東チモールに寄港したためインドネシア、豪が警戒している。

国際都市国家？　シンガポール

クリーン、グリーンな印象があるが

日本人はシンガポールが緑豊か、美しい国であるという誤った印象を抱く人が多い。

筆者がはじめてシンガポールへ行ったのは一九七二年の師走だった。インド系のオベロイというホテルに滞在した。一泊わずか一二ドル。中庭にプールがあり、静かな森に囲まれて環境もよく、ただしホテルの食堂がインド料理なので、その辛さには閉口した。いま、このホテルは移転し、高級ホテルに衣替えしている。

さて、夜店を冷やかしに街を歩くと、ジャップ（小日本）と叫ぶ中国人にしつこくまといつかれ、かれらは執念深く「シンガポール陥落」のことを叱責《しっせき》するのである。英国の植民地だったマレーシアから、リー・クアンユーが中国人だけの自治区をもぎとって独立させたのがシンガポール。当時はマレーシア・リンギとシンガポール・ドルは等価交換だった。

英国をののしるのならともかく、独立の恩人である日本に絡むとはいかなる了見かと思ったが、考えてみれば英国植民地時代に支配者に媚《こび》を売り、権力の代理者として民衆から搾取して暮らしたのが華僑であり、現地人からは恨まれていた。典型がベトナムで、フランス植民者の代官のようにふるまった華僑は、ベトナム人から恨まれ、ベトナム戦争後は、ボートピープル化して太平洋を漂流、サイゴンのチョロン地区では華僑一〇万余が殺害されたらしい。

ともかくシンガポールは独裁とは言わないが専制政治であり、言論の自由はあるように見えて実態は不自由極まりなく、国際都市、グリーンでクリーンな環境などというのは観光宣伝にすぎない。この地でトランプ・金正恩が対面する。

リー・クアンユー前首相は一族の利権構造を在任中に構築、しかも息子を首相の座につけ、一族が運営するファンドが「タマサク」と言って、中国工商銀行などの大株主を兼ね、いつの間にか反共の立場を捨てて、外交関係を台湾から中国へ乗り換えた。

アジアの指導者と称賛されたのは一時期のこと、台湾に李登輝が出現するに及んで、リー・クアンユーの嫉妬《しっと》が激しく、狭量な政治家だった。かれが残した政治的遺産は後遺症となってシンガポールを国際金融都市の座を魅力ないものとしてしまった。

「ウォール・ストリート・ジャーナル」などが、リー・クアンユー批判の記事を書いた際には、シンガポールでの販売を長期にわたって禁止するなど、欧米の批判の対象ともなった。

日本では印象がすこぶるよいが、税制面の優遇や商業面の法律的優位が手伝って日本人駐在が多いからである。

伊勢丹も紀伊国屋書店も進出しており、街中どこでも日本料亭があるが、近年はアジアの生産・流通を管理するアジア支社機能だけをシンガポールに置いて、生産拠点はカンボジア、ベトナム、マレーシアに移転させた日本企業が目立つ。

ビルラッシュのシンガポール

この国はリー・クアンユー一族の専政、言論の自由が稀薄なところである。華僑はほとんどが反日である。

シンガポールの象徴といえばマーライオン像である。この公園になぜか、鄧小平の銅像がある。なぜリー・クアンユーは、自分の銅像ではなく鄧小平を選んだのか？

シンガポールはアジア有数の金融立国、その株式市場の時価総額はＡＳＥＡＮ一〇ケ国のなかで最強。マーケットの国際化は香港並みで、ここでトレーディングの勝負するためシンガポールに移住した日本人がかなりいる。林真理子が「日本経済新聞」に連載した小説（「愉楽にて」）の主人公・久坂もこのシンガポールに住む日本人という設定だった。

シンガポールの一人当たりのＧＤＰは五万

五〇〇〇ドルで日本より高く、あとを追うマレーシアはその五分の一、タイがようやく中国と並び一人当たりのGDPが五〇〇〇ドル。つまり所得を見ると、もはやシンガポールとタイで製造業が成り立つのは難しくなった。物価も高く、生活はしにくい。

すでに「チャイナ・プラス・ワン」という流行語は廃れ、いま日本企業、とりわけ製造業界の合い言葉は「タイ・プラス・ワン」である。すなわち生産拠点をタイからカンボジア、ミャンマーなどに移転し、シンガポールは「アジア総局」のような活用がなされている。

実際にシンガポールの株式時価総額はタイとインドネシアの二倍。マニラ市場の三倍強。この格差はさらなる規制緩和をむしろ周辺国から警戒される。げんにインドネシアは「規制強化」に打って出た。シンガポールに対抗するためである。シンガポール市場には株式ばかりかインド、台湾の先物取引があり、中国、香港、インドネシア、タイ、フィリピンの先物も取引されている。くわえて通貨取引は日本円、ドル、インドルピー、タイバーツから韓国ウォン、豪ドルまで、商品も金、鉄鉱石、ゴム、石炭、原油などの先物取引があり、金融エキスパートが勢揃い。こうなると労働者不足は慢性的で、バングラデシュ、ネパール、ミャンマーなどからの三K労働者が大量に建設現場やレストランの従業員として働いている。

シンガポールは観光立国としても、マーライオンにかわる象徴が五四階建て三層のてっぺんにプールをそなえたマリーナベイ・サンズ（これは米国の本場ラスベガスの資本で本来はカジノホテル）、日本の若い女性の人気が高く一泊四万円でも世界中からツーリストを呼び込んでいる。

シンガポールは金融制度と経済流通は自由市場なので、大半の市民は政治的無関心である。いや、無関心を装っているのかもしれない。日本企業は都心に密集しており、街を歩けばいたる所に寿司バアがある。韓国バーベキューや英国風のパブに混じり、アラブ料理、インド料理と多彩で国際都市もこういうかたちが典型であろうか、ＡＳＥＡＮのなかではダントツの近代都市、現代文明の風情を誇る。

シンガポールは国際線のハブ空港でもあり、筆者は乗り換えを含め十数回は滞在したり、トランジットしたが、アジアの国とは思えないほどに西欧化が進んでいる。しかしタバコなどへの制限が厳しく、リゾート気分は稀薄で、落ち着かない街という印象である。

このシンガポールが過去数年来、急速に中国寄りにスタンスを変えているのである。

華僑が経済も握るマレーシア

気がつけば「中国の植民地」になりかけていた

「マレーシアはイスラム国家のなかでは稀《まれ》な民主国家である」（ロバート・カプラン『アジアの大鍋』）

マレーシアは意外に人口が少なく（三二〇〇万人）、しかも三五％が華僑である。したがって中国の影響が政治を大きく左右し、近年は北京との対立を上手に回避してきた。

マレーシアが領有を宣言しているいくつかの岩礁はスプラトリー群島のなかにあり、領海にはつねに中国漁船が違法操業を繰り返した。マレーシアはこれまで国連に提訴するだけで、軍を動かして漁船を取り締まるという直接行為は忍耐強く避けてきた。

実際にクアラルンプールのチャイナタウンは宏大で、活気があり、夜ともなると屋台がひしめき、外国人観光客も大勢が食事に来ている。一年中お祭り騒ぎである。

筆者はマレーシアに五回か六回ほど行っているが、ペナン島が津波被害を受けたとき、かつて宿泊したホテルが流されている映像を目撃し愕然《がくぜん》となった記憶がある。

海上交通路としてはマレー半島に西側が昔から開け、クラン港、マラッカ港、そしてシンガポールとの結節点にジョホールバルがある。

四五年前にクアラルンプールに立ち寄って、車をチャーターし、半日だけ市内を見て回ったが行き交う車両は少なく、英国時代の豪奢《ごうしゃ》な建物が多く残り、美観が良いという印象があった。

いまやペトロナスのツインタワーを中心に超近代的都市として生まれ変わり、空港から市内へのアクセスは特急列車で二五分ほど。車なら渋滞が多いので一時間かかる。

市場は物資であふれ、国際色豊かで、西欧風のカフェの隣に古風な和食レストラン、その隣が無国籍料理の居酒屋と、ほとんどイスラム国家という風情がなくその香りがしない。インド系も多く、ヒンズーの巨大な寺院が北の郊外にどかっと腰を据え、あたかもチャイナタウンの殷賑《いんしん》を睥睨《へいげい》するかのような都市構図である。

マレーシア国民は性格的におとなしく、過激なイスラム原理主義を忌避する。だから、近年、マレーシア国内でのテロはほとんどないが、一四年にマレーシア航空が二度の航空機事故に見舞われ、経営がふらふらとなった。ベトナム沖で消息を絶ったマレーシア航空機は、南インド洋で墜落したと見られるが、まだ残骸は見つからず、またウクライナ上空で撃墜された事件の犯人は、親ロシアの武装勢力だったのか、あるいはウクライナ過激派の演出であったのか、依然として真相は藪《やぶ》の中である。

さてこのマレーシアの南端ジョホール・バルのすぐ傍にフォレストシティ（高層マンション群の新都市で大方が中国人）が完成まぢか、これがマレーシア政界を揺さぶっている。七〇万人が入る新都市、そのマンション群の大半が中国人所有だから、さすがにおとなしいマレーシアでもナショナリズムに火が付いた。

「このままでは中国の植民地となるではないか。中国の身勝手をこのまま許すのは政治の貧困以外の何ものでもない」とマハティール前首相が反対ののろしを上げると野党は一気に活気づき、慌てたラジブ首相は野党の弾圧に踏み切り、総選挙を前倒しに行うという非民主的な行動に出たのである。

マレーシアの象徴ペトロナス・タワー

五月九日に行われた下院議員選挙の結果はマハティール前首相率いる野党連合が逆転し、過半数を獲得した。

日本贔屓の小さな王国・ブルネイ

王宮を警護するのはグルカ兵

この小さな王国・ブルネイはマレーシアのボルネオ島の北東の一部地域を統治する。人口わずか四〇万人。その面積は三重県ほどである。日本人観光客はほとんど見かけない。

資源リッチで一人当たりのGDPはシンガポールより高く、「金持ち喧嘩《けんか》せず」の格言どおり、性格はいたっておとなしい。信号がなくても横断歩道では車がちゃんと止まってくれるのである。

二〇一八年三月にブルネイへ行ってきた樋泉克夫愛知大学教授によれば、中国の広西チワン族自治区からうじゃうじゃと中国人が、「チャーター機で南寧からひとッ飛びだ」などと嘯《うそぶ》いて大勢観光に来ていたとか。

シンガポールのチャンギ空港でブルネイ航空の座席に就いたとき、隣席のアメリカ人のウイスキーに気づいた。そこで樋泉教授が彼に質問すると「ブルネイは禁酒禁煙の国、ただし持ち込みはOKだ」と解説した後、「お前は持参しないのか」と訊《き》かれたそうな。

ブルネイ王国はイスラム法を厳格に適用し、禁酒禁煙である。レストランに置かれているのはアルコールゼロのビール。タバコは、ブルネイ国中探しても売っていない。

中国人ツーリストらのホテルの朝食風景。食べ物を挟んだ箸《はし》を手に、食べながら喋くりながら歩きながら。郷に入らば郷に従わせるというのか、すごい振る舞いだった。

資源リッチのブルネイに進出していた外銀は四十余年間も営業を続けてきたシティーバンクが二〇一四年に営業を切り上げ退出した。HSBCは一七年末に同じくブルネイから撤退した。となると残る外銀は一六年末にはじめて進出してきた中国銀行（香港）支店の一行のみである。

ブルネイのショッピング街

中国依存が顕著な証拠である。ブルネイへの投資は米国の一億一六〇〇〇万ドルに対し、中国は桁《けた》違いの四一億ドル。ブルネイ華人社会は急拡大の様相だという。

筆者は四年前の二〇一四年にブルネイに行って三日滞在したが、ブルネイ王宮の警備がグルカ兵だったことに驚くとともにすでに災害救助共同演習などと称して中国の軍人がおびただしく滞在していた。軍事協力も目立つようになった。

しかしブルネイ王国は石油とガスで豊かな社会を築き、王室の権威はそれなりに盤石である。世俗イスラム国家とはいえ、世界最大モスクの一つは大理石でぴかぴか輝き、原住民の水上生活者三万人の集落へ行くと、なんと海の上のバラック小屋を回廊がつなぎ、下水が完備している。筆者はボートを雇って、この水上生活者の集落を見に行ったが、台所はガス、トイレは水洗で、テレビもちゃんとつながっていた。こういう贅沢な水上生活者の集落は世界でも稀だろう。いかにブルネイが経済的に富み、福祉にまわす余裕資金があるか、という事実を物語る。

このブルネイ王国も、スプラトリー群島の一部の岩礁の領有を宣言し、中国とは一歩も譲る気配がない。すなわちルイス岩礁とライフルマン浅瀬だ。軍事的対立こそないが、中国とマレーシア、フィリピンにクレームを付けている。ブルネイは周知のようにふんだんな海底油田開発で輸出に精を出しており、大半は日本が輸入している。

ブルネイ軍はフィリピンと同様に海軍力が貧弱であり、戦闘力が欠落しているため中国

ブルネイのスーパーマーケット

の横暴には手をこまねいているのが現状である。なにしろスプラトリー群島は満潮に海に隠れる岩礁がおよそ一五〇、つねに海面より顔を出している岩礁、環礁は四八しかない。

ところでブルネイは二日もあれば、すべての観光資源を見ることができる。モスクばかりである。民族博物館へ行くと原住民の漁業生活の蠟《ろう》人形やジオラマもあるが、暇をもてあます係官は全員が公務員。なにしろ国民の八割が公務員とその家族という豊饒なる無駄を平気でする国家で、富を公平に分けるという国王の施策である。

日本企業はエネルギー関係者だけで、ほかは自然環境、トレッキング、カヌーなど冒険にくる日本人相手の旅行代理店くらいしかない。豪華なホテルとデパートもあるが、なにしろ人口が少ないため、がらんとしている。一軒だけ日本食レストランがあったが、出てきたものは「日本食まがい」だった。

貧困な一党独裁国家・ラオス

子供たちに笑顔がない不幸な国

ラオスは小さな仏教国である。この国の不幸は北部が中国と国境を接していることだ。ASEAN一〇ケ国のなかで、日本から直行便がないのはブルネイと、このラオスである。前述したようにブルネイは人口四〇万、資源関連のビジネスマン以外、観光客は少ないからシンガポール乗り換えとなるが、ラオスは人口も八〇〇万人ほどあって、直行便が飛ぶと便利なはずである。しかも日本人はビザが不要となっている。

過去に三回ラオスへ行ったが、この三月にも追加取材のために飛んだ。行きはバンコク経由だが、帰りはバンコクへ出て、北京へ飛び、そこでまた乗り換えだった。不便であり、時間がかかりすぎる。

ラオスの一人当たりのGDPは一四〇〇ドル強という最貧国。そのうえ海に恵まれていないので輸送手段に乏しい「内陸国家」だ。

十数年前には北の保養地ルアンパバーンにも足を延ばした。発展ぶりが顕著だった。そもそもラオスは大変親日的な国家で、たとえば日本が寄附したバスには前後左右に日本の国旗、「これは日本国民の善意による」と大書されている。

不思議なことに数年前までは街を歩き回ってみて、中国の存在が稀薄だった。ビエンチャンの西北にばらばらと点在するチャイナタウンは見すぼらしく、そもそも高層ビルがない。ラオスの首都では中国語新聞は発行されていない。

ボロボロな小屋が名物の雲南料理レストラン（華僑は雲南省から陸伝いにラオスに住み着いた）、ブティックは流行遅れのファッションが並び埃《ほこり》を被っている。傾きそうな中華風の木造の建物がホテルだ。いったいこれはどうしたことか、と訝《いぶか》った。

ところがラオスの本格的なチャイナタウンはミャンマー、タイとの国境地帯、北西部ボーケーオ県に完成している。そこには唐風の中華門があって西安のミニチュアのごとき街並みが再現され、このチャイナタウンはすでに一万人近くが暮らす。

香港に登記された中国企業「キングロマンス集団」がボーケーオ県に三〇〇〇ヘクタールを租借し、大々的な開発をしてきた。名目は経済特区（免税特典がある）。しかしカジノホテルまで営業を開始しており、中国とタイからの博徒で賑《にぎ》わっている。ボーケーオ県はミャンマー、タイと国境を接する「黄金の三角地帯」。いまも麻薬密売のメッカとされ、治安が悪い。

少年僧の托鉢風景（北部ウドムサイにて）

この地にキングロマンス集団は四億九〇〇〇万ドルを投じて大規模なチャイナタウン建設を成し遂げ、ラオス政府高官を招いての開所式を行った。すでにホテルの他、七〇軒のレストランも店開きしており、多くで人民元が通用する。中国から引き連れてきた建設現場労働者は中国の労働請負企業が斡旋《あっせん》した。同集団は二〇二〇年までにあと二二億ドルを投資し、大規模な工業団地を造成すると豪語している（中国全体のラオス投資は八〇〇件、四〇億ドル）。

このチャイナタウンの本格出現に焦るのはラオス投資の筆頭、ベトナムである。もともとベトナム共産党はラオス共産党と親密である。反対に中国とは犬猿の仲である。

ベトナムはすでにラオスに五〇億ドルを投

資し、四四九件のプロジェクトを抱えているが、主としてエネルギー、鉱山開発と農業部門である。タイも七六〇件のプロジェクトに四八億ドルを投資している。

ところが中国のいきなりのラオス進出、それも首都ビエンチャンではなく、北西部の国境地帯から入り込んでいつの間にか地域の多数派となることを狙っているのだ。しかしラオス政府もしたたかで、中国、ベトナム、タイを競わせて、鼎《かなえ》の軽重を問おうというわけだ。

首都ビエンチャン市政府当局は工業区開発予定地区の住民の訴えをしりぞけ、開発の主契約者は中国の「上海万風集団」と決めたと発表した。住民は激高し激しい反中抗議運動が起きた。中国からの投資がめざましいラオスが首都に新しい開発地区を発展させようとする動機は、隣のカンボジアが川の中州を開発して新都心を造成し、成功したからである。カンボジアは親中派の代表、プノンペンの高層ビルの大方が中国企業の投資である。

ラオスはメコン川を挟んでタイの北側に位置するビエンチャンに観光資源が集中しており、摩天楼こそまだないが一〇階建てのビルはたいがいが外国投資である。

新しく造成中の新地区には公園を造成し、巨大ショッピングモール、娯楽コンプレックス、スポーツ施設など新都心型の大型な街作りをなすという中国企業は住民四三五家族への補償金を要求額の一〇分の一しか提示していない。ラオスの住民の不安感はつのっている。かつての巨大開発を言いつのり、四億ドルのプロジェクトを提案した中国企業が、その後の住民の補償金要求に一切回答せず、プロジェクトは立ち消えとなったことがあったからだ。

ラオスにおいて衝撃的な旅の印象はと言えば、子供の目に笑いがないことだった。何におびえているのか、笑顔がない。子供たちに微笑がない。独裁国家の持つ目に見えない、張り巡らされた密告制度のせいであろう。

ラオスを中国は「老国」と表現するが（日本は「羅国」）、華僑世界の台湾、香港、シンガポール、マレーシアなどの華字紙を見ると「寮国」と表現されている。内陸国家からベトナムとミャンマーという東西両国をつなぐ幹線道路ができると「陸鎖国」から「陸連国」になると騒いでいる。中国が仕掛けているのである。

近年ここへ韓国企業がけたたましく入り込んでコラオというオートバイを生産し始め、そのあとに中国が入ってきた。雲南省と陸続きであり、もともと国境地帯にはアヘン密売組織が暗躍し、マフィアの跳梁《ちょうりょう》があった。

中国はラオスの南北を縦貫し、マレー半島を縦断し、シンガポールまでをつなぐ鉄道の敷設工事を始めた。またビエンチャンを基軸に東はベトナムのダナンへ、西はタイをまたぎミャンマーへいたる東西横断幹線道路を打ち上げるとラオスに生産拠点をおいても、物流が滞らなくなるとばかり、どっと海外から企業進出が続き、GDP成長率は八%を記録するにいたる。

しかし、ラオスは人民革命党の独裁で、一九四五年に一度は日本の後押しで独立したが、すぐにフランスのあくどい植民地主義者が軍とともに入り込み、一九五二年にようやく本格的な独立を果たした。

ラオスは労賃の安さを魅力に今後国際市場に打って出る可能性が高いが、日本企業はインフラの未整備と道路の未舗装などを理由に進出をためらう。ラオスの現行法では外国企業の土地購入は認められておらず、最長九九年のリースとされる。すでに二六〇〇件の土地貸与(北方のチャイナタウンを含める)、合計二七〇〇エーカーが外国企業や個人にリースされている。

「農地が外国企業に買われること、地下水資源を含む広大な土地がラオス人から奪われた場合、これは国家安全保障につながらないのか」と反対が多く、とりわけ「買いに来るのは中国に決まっているから反対」という意見が目立つ。ラオスの特産品である翡翠《ひすい》と玉《ぎょく》を、中国雲南省の宝石商らが、ごっそりと買いに来ていて、良い翡翠などは、ラオスに出回らず中国の富裕層に売られている。

中国資本が虎視眈々《こしたんたん》とラオスの土地を狙うのには、もう一つの理由がある。

モン族の子供たち（ラオス）

中国の砂漠化、農地の喪失によって農業従事者に農地がまったくないという驚くべき現実である。北京APEC期間中の自動車乗り入れ禁止などの措置を行っても、すでに年間一二〇万もの中国人が大気汚染が直接間接的な原因として死亡している。そのうえ内蒙古省、遼寧省《りょうねいしょう》、陝西省《せんせいしょう》などでの大気汚染は凄《すさ》まじい。砂塵《さじん》ははるか東シナ海を越えて日本列島へも飛んできているように華北から東北三省の空は真っ黒の日がある。

「中国は植林事業に年間一三〇億ドルを投資し、すでに三六〇〇万ヘクタールを緑化するための植林プロジェクトを開始しているが、国土の二六％、およそ四億人の人々が暮らす土地が砂漠化、大気汚染の脅威にさらされている」（「TIME」二〇一四年十一月十日号）

ラオス民族人形像のまえで筆者

そこでラオスの政策変更は渡りに船、多くの中国人農民がなだれ込み始めたのである。

とくに北部のボーデンには、カジノホテルと高層マンションが軒を競い看板は中国語、販売価格は人民元建てとなっていた。中国を往復する大型トラックの夥しい列があった。

どこかの国のように自衛隊基地を見下ろせる場所やレーダーサイト近辺の土地が買い占められたり、地下水を豊富に含む森林などが中国資本に買われて、付け焼き刃で「外国人土地所有法」の改正を議論しているところもあるが……。

第四章

中印激突！　危機迫る南アジア

ネパールの警官隊

ゴアの難民キャンプ

牛のフンで作った燃料棒(バングラデシュ)

インドの周辺国を中国は武器輸出で攪乱

世界の武器輸出（二〇一三年から一七年まで）の統計を金額ベースで比較一覧すると、米国の一位は不動であるもののシェアは少し落ちた。英国は六位に転落した。ストックホルム平和研究所の発表によれば米国（三四％）、ロシア（二二％）、フランス（六・七％）、ドイツ（五・八％）、そして第五位が中国（五・七％）である。

米国製は値段が高いため、購入できる経済力のある国はサウジとか、日本、インドなどに限られてくる。しかしながら数量ベースで見ると米仏が二五％前後増加させているのに対して、中国は四〇％近くその数を増やしていたことがわかる。中国が武器を輸出した国は四八ケ国にのぼる。就中《なかんずく》、第一位はパキスタン、ついでアルジェリアだった。注目すべきは中国製武器をバングラデシュが大量に購入していた事実である。バングラデシュは、インドの保護国に近い存在ではなかったのか。

パキスタンの軍事力の増大は国境紛争をかかえるインドにとって一大脅威であり、米国は対インド武器輸出を五・五倍にした。そのうえインドはモディ政権になってから武器生産への外国企業参入を認めた。

これまで中国製武器は品質が悪く、「安かろう、悪かろう」の代名詞だった。ソ連のカ

南アジアの地図

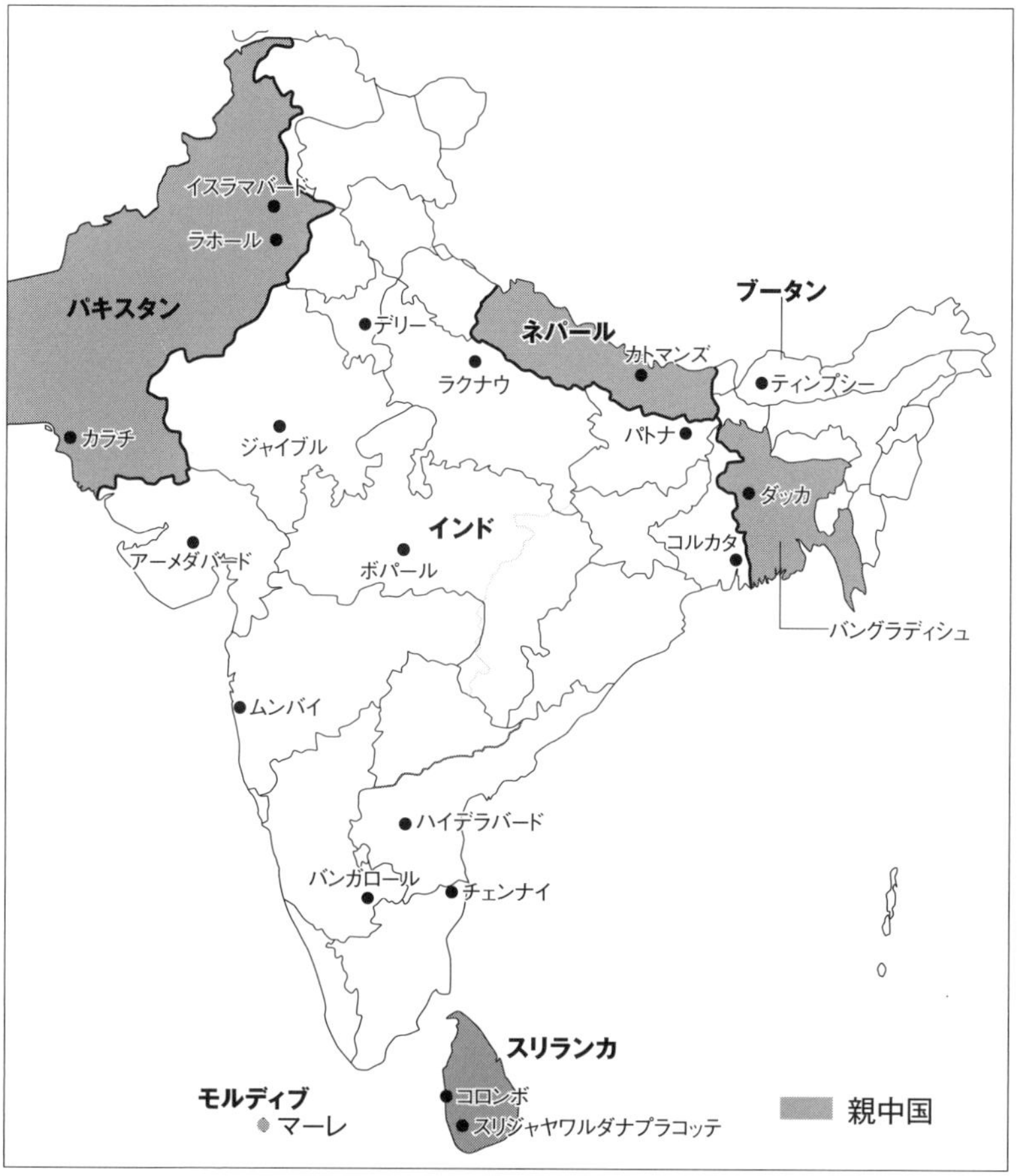
イスラマバード
ラホール
パキスタン
カラチ
デリー
ラクナウ
ネパール
カトマンズ
ブータン
ティンプシー
ジャイプル
パトナ
ダッカ
インド
コルカタ
アーメダバード
ボパール
バングラディシュ
ムンバイ
ハイデラバード
バンガロール
チェンナイ
スリランカ
モルディブ
マーレ
コロンボ
スリジャヤワルダナプラコッテ
親中国

ラシニコフ銃をまねた中国製機関銃は一発撃つと弾倉が落ちたりしたため「チャラシニコフ」という綽名《あだな》がついたほど粗悪品が目立った。

ところが近年、かなり質的向上が見られ、輸出が増えた。とくに周辺国に近代兵器を持たないアフリカ諸国は廉価な中国製の武器で十分というわけだ。このように武器輸出の統計と動向から判明したのは中国がインドを囲む国々に武器輸出を通じて意図的にテコ入れしているという戦略的背景が明瞭《めいりょう》に浮かび上がったことである。

中国が半世紀以上にわたって軍事同盟を結んできたのはパキスタンだが、中国のイスラマバード重視は、代理人的な、インドへの防波堤の役割とその地政学的位置から割りだされた打算的同盟である。

パキスタンはイスラム教を信奉する国民が大多数であって無神論の中国と精神的紐帯《ちゅうたい》などあろうはずはない。したがって中国製武器がパキスタンの軍隊に浸透しているのは、インドと長年の敵対関係を続けてきた経緯からである。

ところが、これまでインドの「保護国」とされてきたネパール、バングラデシュ、スリランカ、モルディブが武器輸入を通じて、中国に近づいているという新しい事態の到来は、インドから見れば軍事的に中国に囲まれたとする焦燥、強迫観念に結びつく。

このインドの感覚を日本に置き換えると、日本に近い韓国、台湾が中国側に転び、いきなり日本に牙を向けてきたような、安全保障環境の大転換なのである。インドの危機感の高さが知れよう。

そこでこの章ではインドを囲む国々の実情を見てゆくことにする。モルディブを除いて、筆者はすべてを旅行している。モルディブにはこの小冊執筆時点で、戒厳令が敷かれているため六月に延期した次第である。

幾重もの複雑な顔を持つパキスタン

パキスタンはそれほどまでにチャイナマネーが欲しいのか？

中国がパキスタンへ注ぎ込んでいるプロジェクトの総額は五六〇億ドル（六兆一六〇〇円強）にものぼる。

習近平の「一帯一路」の目玉プロジェクトはＣＰＥＣ（中国パキスタン経済回廊）と呼ばれる大プロジェクトだ。

イランのホルムズ海峡に近いグワダル港は深海であり、潜水艦寄港が可能、将来は中国軍の軍港として活用される。コンテナヤードが完成すれば貨物取扱量は二〇一八年に一二〇トン、二〇二二年には一三〇〇トンの貨物を集荷し、仕向け地向けに輸送するターミナルになると中国は青写真を提示した。中国が向こう四三年間港の管理運営権を握り、収益の九一％が中国の懐に入る。つまり巨大な投資はこれが担保だった。

グワダル港の周辺にはコンテナヤードのほか新空港建設に二億三〇〇〇万ドル（エアバスの民間利用に加え、中国空軍も利用することになる）、病院建設に二億ドルを投じ、二三〇病床を確保する。加えて単科大学を創設し、バルーチスターン住民の子供たちの将来を考慮したいとしているが、地元住民はまったく納得していない。

グワダル港はアラビア海に面しており、周辺の土地は地下水の層が薄く、海水淡化プラントの建設が遅れており、飲み水が決定的に不足している。飲み水がなければ人間は生活できず、グワダル港新都心の水道設備はどうなっているのか、住民説明会はまだ開かれていないという。将来、立ち退かせた住民の漁業補償や住宅建設後の受け入れも視野に入れているると中国側は説明しているが、住民優先という発想がない。飲み水の問題が解決していない。

ところが中国は、このグワダル港より、さらに西に目を付けた。パキスタンの西端に中国軍にとって海外二番目の軍事基地を建設しようとしているからだ。もっと西側でイラン寄りのジワニ港。アラビア海を扼《やく》する要衝がその標的である。

イランのチャバハール港とパキスタンのグワダル港の中間、もちろんパキスタン領だが、もっとも西寄りイランの隣のジワニ港に中国は軍事基地を目論見、ジブチに次いで第二の海外基地を目指していることがわかった（「ザ・タイムズ・オブ・インディア」、二〇一八年一月六日）。すでにスリランカのハンバントタ港は九九年の租借に成功している。この港はスリランカ政府の認識の甘さにより、担保権を中国が行使、中国軍の軍事基地に化けるのは時間の問題だ。

かくして深刻な危機感を抱き、軍事的緊張感を強いられたインド政府は露骨な対抗措置を講じ始めた。

南アジアの盟主を自認してきたインドにとって明確な敵性国家はパキスタンである。このパキスタンを挟み込む戦略の一環として、インドはイランのチャバハール港近代化に協力し、コンテナ基地のキャパシティが拡大、輸送が開始された。

このタイミングでトランプ大統領はパキスタンへの援助を凍結した。すかさず中国は見計らったかのように、秘密にしてきたジワニ港開発を打ち上げたのである。

中国の性急さも賄賂漬けには根負け

ところがCPEC（中国パキスタン経済回廊）プロジェクトの現場では、工事の遅れが顕著となった。

まずパキスタン国内のハイウェイ、三ケ所の現場で工事を中止していた。パキスタン政府が困惑の体で発表した（二〇一七年十二月五日）。

中国が五六〇億ドルの巨費を投じるCPECはグワダル港から新疆ウイグル自治区まで鉄道、高速道路、そして光ファイバー網とパイプラインを同時に敷設する複合プロジェクトである。途中には工業団地、プラント、火力発電所などが突貫工事で進捗している。

パキスタン政府が道路建設を開始していたが、二〇一六年の習近平パキスタン訪問時に、「中国シルクロード構想」（一帯一路）の傘下に入り、相乗りというかたちで高速道路建築プロセスが修正された。その高速道路建設現場の三ケ所で工事が中断した。中国の資金供与が中断されたのが原因で「汚職が凄まじく、続行が困難」との理由が説明された。

もともとパキスタンは中国同様に政府高官の汚職がはびこる社会。そのパキスタンと中国が軍事同盟なのだから、一部には「汚職同盟」という声もあった。

しかしCPECは習近平が政治生命を賭《か》けての一大プロジェクトであり、死にものぐるいでも完成しようとするであろう。

突貫工事のために中国は囚人を労働者として送り込んでいた事実も発覚した。

パキスタン野党ＰＰＰ（パキスタン人民党）のナワブ・ムハマド・ヨーセフ・タルプル議員がパキスタン国会の委員会で質問に立った（二〇一八年三月一日）。

「中国からおびただしい囚人がＣＰＥＣ〈中国パキスタン経済回廊〉の道路工事に投入されているのは問題ではないのか。国際間の取り決めに従うと、囚人を工事現場に投入するケースではホスト国の受諾が必要であり、ひょっとしてパキスタン政府は非公開の取り決め、もしくは密約を交わして、このような囚人を受け入れているのではないか？」とタルプル議員の舌鋒《ぜっぽう》は鋭かった。

パキスタン政府が期待した現地雇用はなく、治安は悪化し、おまけに労働者ばかりか、セメントから建築材料、建機にいたるまで中国から持ち込まれ、これはパキスタンの貿易収支を悪化させたわけだ。スリランカが中国の甘言に引っかかってハンバントタ港を九九年、中国に貸与することになったように「借金の罠《わな》」に陥没した。パキスタンは中国へ借金の返済ができないから担保権を行使される。みごとにグワダル港は四三年の借地権を中国に譲歩せざるをえなくなった。グワダル港に中国海軍の艦船寄港は時間の問題となったのである。

加えてグワダル港が位置するバルーチスターン州では頻繁に中国人へのテロ、誘拐も起こり、労働者は隔離されている。工事現場の警備はパキスタン軍があたっている。バルーチスターン地方は独立運動が盛んで、パキスタン中央政府の統治が及んでいない。

中国の囚人らが犯罪に加担したかどうかは不明だが、最近パキスタンではATM詐欺が横行し、カラチでも反中国感情が猛烈に吹きすさんでいるという。ネットの書き込みは凄《すご》い。なかに「パキスタンはいずれ中国の犯罪者にあふれ、マフィアの巣窟《そうくつ》になるだろう」というのがあった。

中国との競合に燃えるインド

インドの夢、インドは維新

南アジアの大国はインドであり、近年はその経済成長の目覚ましさが話題となっているが、同時にインドが軍事大国でもあり、核兵器を保有し、なおかつ中国と敵対関係にあるという国際政治上の重要なポイントが日本では等閑視されている。

日本から距離的に近いのは台湾、その次がＡＳＥＡＮ（東南アジア諸国連合）諸国だから日本のマスコミがＡＳＥＡＮの動きをかなり細かく報道するようになったが、南アジア報道はまだまだ少ない。

米国はこのインドをことのほか重要視し、原子力技術を含むハイテク分野でも異例の支援をしている。中国との関係で、インドを同盟国に巻き込む戦略的意図が働いているからだ。

日本は経済方面でものごとを優先させており、これからは中国と距離をおいて、アジア重視に傾いているが、投資先として人気の高いベトナム、ミャンマーと並んでまだまだ進出余地があるのがインドだ。

しかも現在人口一三億のインド。両三年以内に中国の人口を抜くと予想されている。

そもそも日本はインドとは非常に相性がよく、ウマが合う。岡倉天心（一八六二―一九一三）が詩聖タゴール（一八六一―一九四一）と魂の交流を持ったように、あるいはチャンドラ・ボースがとことん日本を信頼したように。さきごろソフトバンクの孫正義がインドを訪問したところ、モディ首相がじきじきに会見した。一民間人実業家と会うというのは異例である。インドはコンピュータ産業の本場、ソフト開発のメッカ、孫正義の狙いは「第二のアリババ」探しである。

孫正義は中国の馬雲が率いるアリババの筆頭株主であり、同社がNY上場のおり、時価総額で何千億円が懐に入ったことはインド人の多くが知っている。コンピュータソフト開発で世界最高水準にあるインドは次のビジネスチャンスに大きな夢を描いている。

インド人は数学が得意で、九九の暗算どころか、三桁の暗算を小学生がやってのける国、だからコンピュータソフトの開発は大得意である。高原都市ハイデラバードは米国のシリコンバレーと並ぶほどの研究開発センターである。

中国の自動車販売は二八〇〇万台以上（二〇一六年度）で、アメリカ一七〇〇万台、ヨーロッパの一四〇〇万台を凌駕《りょうが》した（日本五〇〇万台弱）。日本企業が中国現地生産を続けているのも将来の巨大市場に希望を託している（二〇二五年には中国での自動車販売台数は三五〇〇万台と予想される）からだが、トヨタ、日産、ホンダはそれぞれ中国で販売減に見舞われた。だから日本の自動車産業は熱心にインド進出を狙うことになる。

インドの自動車工場はデリー近郊のハリヤナ州、南東部のチェンナイ、一部はハイデラバード。しかし今後、間違いなく最大の生産拠点となるのは西部のグジャラート州である。州都はアーメダバード。一四年九月、習近平中国国家主席はわざわざ、このアーメダバードを訪問し、同地の伝統的なブランコにモディ首相となかよく乗って「友好」を演出した。

アーメダバードはデリーとムンバイの中間地点、建設中の新幹線がアーメダバートとム

女子中学生の遠足（インドのチェンナイにて）

ンバイ間に開通すれば、ますます便利になる。そこで筆者も二〇一五年一月にはじめてこの地を取材した。インドは何回も行っているが、グジャラート州ははじめてだった。

グジャラート州出身のモディ首相は「経済改革」をここから手をつけ、「停電のない工業地区」を実現したので世界企業が注目した。日本からの工場誘致にも熱心で、州知事（グジャラート州首相）時代にも何回か訪日している。

周知のように真っ先にインドで生産を本格化させたのはスズキである。一九八二年、地元のマルチと合弁で小型車の生産をおそるおそる開始した。紆《う》余《よ》曲折《きょくせつ》を経て、二〇〇二年にスズキはインド合弁企業を子会社化した。そしてインドでの生産は一〇〇万台を突破した。いまやスズキはインド自動車市場の四五％という圧倒的なシェアを誇る。日本車で次に目立つのはトヨタ、その次はホンダ、そして韓国ヒュンダイである。

一九七二年にインドへ行ったときデリーで外国人が宿泊できるホテルはアショカホテルくらいしかなく、タクシーは「三日ほど待っている」（運転手）というほどホテルと空港と駅でひたすら客を待つ状態で主力はリキシャだった。手動のエレベーター係はチップをあげないと扉を開かなかった。冷房設備はなく、天井に扇風機が回り、各部屋に二人のボーイがいて、靴を脱ぐとさっと廊下へ運び出して磨いていた。

インドを走る車といっても、時代遅れのロールスロイスやオースチン、それも中古のおんぼろ、まさしく英国植民地時代の名残であり、インドは独立後、長らく経済鎖国のままだった。外国製自動車の輸入関税は二〇〇％。よほどの財閥しか購入できなかった時代が長く続いた。雇ったタクシーは市内を三時間ほどチャーターしても、運賃はたったの一ドル（当時レートは三三〇円）。チップに一ドル渡すとじつに嬉《うれ》しそうだった。ホテルのフロントは筆者がしていた安物のセイコー時計を「中古でもいいから売ってくれ」「ぜひ、売ってくれ」と執拗《しつよう》だった。それで最終日に売ってあげた。一八ドル（五九四〇円）だった。日本で五〇〇〇円もしなかった時代。時計には二〇〇％の関税がかかっていたからだ。

空港の売店で英語の書籍はあまりなく、「ＴＩＭＥ」がおいてあったが、なんと三ケ月前のものだった。免税店もオールドパーが八ドル、タバコは「ダンヒル」「555」「ロスマンズ」など、ことごとくが英国のブランドだった。

時代は激しく変わった。

二〇一五年一月十一日からアーメダバードで世界から一〇〇〇社の名だたる企業人が参加しての「バイプラント・グジャラート」がモディ首相の肝いりで行われた。米国からはケリー国務長官（当時）が飛んだ。

開会式のキーノートスピーカー（基調演説）に立ったのはスズキの鈴木会長だった。そしてこう言った。

「インドに維新が始まった」

南アジアでのインドの弱体化をはかる中国

「世界最大人口の民主主義国家」がインドの謳い文句。そのインドの政治は政教分離である。

宗教分布では最大人口を誇る伝統的なヒンズー教は昔のバラモン教から発展した。紀元前五世紀にバラモン教の改革宗教として誕生したのが仏教とジャイナ教（開祖はマハービーラ。ジャイナJainaとは迷いに打ち勝ったジナJina（勝利者）の教えを意味する）だった。

しかし仏教はインドを離れ世界宗教となるが、ジャイナ教とヒンズー教はインド亜大陸にとどまった。独特のターバンを巻いたシーク教はヒンズー教とイスラム教を融合させて十六世紀初頭にパンジャブで生まれた。インドの前首相（二〇〇四―二〇一四）であるマンモハン・シンはシーク教徒だった。

こうしたインド生まれの宗教が日本に与えた影響は計り知れない。とくに仏教の影響が最大と考えられるが、じつはヒンズー教の日本へもたらした文化的影響力も大きく、雷神のインドラは帝釈天に、「宇宙を創設するブラフマ神、宇宙を維持するヴィシュヌ神、堕落した宇宙を破壊してブラフマ神につなげるシヴァ神はそれぞれ梵天、多聞天ないし毘沙門天、大黒天になりました。ブラフマ神の妃であるサラスワティは弁財天、ヴィシュヌ神の妃ラクシュミは吉祥天」（日本戦略研究フォーラム編『愛される日本』）になった。

そしてインドの独立戦争を支援した日本への感謝の念をインドの人々は忘れることができないという厳然たる事実を、肝心の日本人のほうが忘れている。

日露戦争に勝った日本の輝かしい歴史を語ったネルーの『娘に語る世界史』のなかの日本の項目はいまもインドの教科書に載っている。トルコの教科書に日本のエルトゥールル号救助の美談（一八九〇年九月十六日夜一〇時ごろ、和歌山県東牟婁郡の大島〔現在の串本町〕においてオスマン朝トルコ軍艦のエルトゥールル号が座礁・沈没し、五〇〇名以上の死者を出した遭難事件。大島村樫野の住民たちは、総出で救助と生存者の介抱に当たり、六九名が救出され、生還することができた）がいまも語られているように、学校で培われた日本への近親感は強い。

このインドが主導する地域連合に大きな楔《くさび》を打ち込み、南インドの地政学を攪乱《かくらん》しているのが、かの中国である。

SAARC（南アジア地域協力連合）は一九八五年にバングラデシュが提唱し、ダッカで第一回首脳会議が開催された。現在のメンバーはインドを中軸にアフガニスタン、ネパール、ブータン、パキスタン、バングラデシュ、モルディブ、スリランカ。ただしアフガニスタンは二〇〇七年から加盟した。

地域協力、とりわけインフラの建設やエネルギー問題での共同、貿易の拡大などで経済的な裨益《ひえき》を目的とする柔軟性に富む会議だが、パキスタンとインドの宿命の対立や、アフガニスタン加盟でもめ、スリランカ内戦など各加盟国間のいざこざも激しく、ときに三年、五年と延期されることが多かった。

国際政治の見地から言えば、これまではさほど重要な会議という位置づけはなかった。SAARCのオブザーバーには日本、米国、中国、韓国、豪にイラン、ミャンマー、モーリシャスが入っている。ところがオブザーバー資格で出席した中国が「正式メンバー」として の加盟を働きかけた。理由はアフガニスタン、パキスタン、ネパール、インド、バングラデシュ、そしてブータンと六つの国々と国境を接しているからとした。インド、ネパール、ブータンとは国境紛争を抱えている事実に中国は触れなかった。

中国の狙いはSAARC諸国への影響力の浸透であり、南アジア政治においてインドの主導権を弱体化することである。あからさまな妨害工作と言える。

従来、SAARCへの中国投資は二五〇億ドルだったが、今後、インフラ建設への協力により三〇〇億ドルを投資する用意があるとしてインドを牽制《けんせい》し、しかもネパールのカトマンズ会議の費用を中国が負担するなどの大盤振る舞いだった。

インドが露骨に反対しなかったのは中国が提唱したBRICS銀行の融資が目の前にちらつき始めたからだった。資本金五〇〇億ドル、加盟国のインフラ整備に巨額を有利な条件で融資しようという、国際金融常識を度外視した「政治工作資金銀行」がBRICSである。

インドの保護国であるネパールへの中国の浸透はマオイスト（毛沢東主義〔マオイズム〕の信奉者）支援などを通じた甚大なものがあり、インドをいらだたせてきた（ただしマオイストはネパールで政権獲得後、分裂し、前回二〇一三年の選挙でマオイスト左派は大きく後退。二〇一七年にまた多数派となって連立を組んだ）。

ともかくSAARCカトマンズ会議直前、ネパール内閣の三人の大臣が「中国の正式メンバー入り」を支持すると言い出した。その直前に中国はネパールに一六三万ドルの支援を発表したばかりだった。

モディ首相は、この動きを不愉快として強く反対した。なぜなら正式メンバーは議題への拒否権を持つからである。日本とはおおよそ無縁の首脳会議、インドの経済圏でもある舞台裏で、中国の外交は密かに続けられていたのだ。

良好な日印関係

二〇一五年一月二十六日、インドは「リパブリック・ディ（共和国記念日）」の主賓に米国のオバマ大統領を主賓として招待した。

インドのリパブリック・ディは独立記念日とならぶ重大行事。インドの二九の州が合邦した歴史的記念日とされる。このリパブリック・ディの主賓は「毎年一人」だけ。世界の指導者から選抜される。二〇一四年は安倍首相が主賓として招かれてインド国会でも演説した。そのときもたまたまインドにいた筆者はテレビニュースも新聞も安倍首相のデリー訪問を一面トップで大きく扱っていたことを目撃した。ホテルのレストランで、日本人とわかると「ＯＨ！　ミスター・アベ」と言われた。

オバマを招待するという意味はインドの「外交のクーデター」である。

二〇一四年九月に習近平が訪印し、二〇〇〇億ドルという途方もない経済プロジェクトをぶち挙げたのだが、その日、人民解放軍がインド領に軍事侵攻し、習近平の顔に泥を塗った。インドの対中不信感はぬぐえなかった。

これまでインド最大の友好国かつ武器供与国はロシアである。プーチン大統領はその直後にインドを訪問することが決まっていた。

これら中国、ロシアをさしおいてインドが米国大統領を招待するわけだから北京もモスクワも面白くない出来事である。

「オバマ大統領を主賓に選んだのはモディ首相自身の決定」(「ザ・タイムズ・オブ・インディア」一四年十一月二十二日)

インドは朝野をあげての歓迎準備に入った。

天皇皇后両陛下が二〇一三年師走にインドを親善訪問され、チェンナイ(旧マドラス)にも足を延ばされて大歓迎を受けた。チェンナイには日立、ヤマハなど日本企業の進出が目立ち、工業団地がある。自動車工場も林立している。

一四年八月下旬にはモディ首相が五日間も日本を訪問した。日印関係はあつく燃える。

「インドには三つの強みがある」とモディ首相は力説する。「若い人口、民主主義、そして豊富な資源である」。

インド進出日系企業は一三〇五社を超えている（二〇一六年十月現在。ジェトロ調べ）。日本企業が「インド本社」を置くのは圧倒的に首都ニュー・デリーで市内には日本人のたまり場、日本食材店、日本料理レストランがおびただしくある。ところが世界中どこにでもある中華料理店が少ない。

デリー周辺、とくに西のグルガオンには日本企業専用工業団地があり、スズキとホンダが大工場を作って二輪、スクータを大量生産してきた。その西に広がるグジャラート州が日本企業の大規模誘致を決断、「日本企業専用団地」の造成が近道という強い政治判断をなしたのはモディ首相がグジャラート州第一首相時代だった。グジャラート州にはすでにタタやフォードの工場もあり、ダイキン、日本通運なども操業中だ。ところが中国企業はほとんど存在しない。

ハイデラバードのIT新都心では若者たちがあたかもカリフォルニア州のシリコンバレーのような、のびのびした環境のなかで日夜次の技術開発に鎬《しのぎ》を削っている。新設大学は日本が支援する。周囲には高層マンションが林立している。

キリスト教信者が多い沿岸部（とくに西海岸から南端まで）は比較的民主化が進んでいて、

西洋化している。他方、デカン高原やアッサムの山奥、パキスタンに近い砂漠地帯など習俗も風俗も、ましてや宗教が異なり、州ごとに政令が違う。いや、インドは共和制である前に二九の州からなる連邦国家、この点で米国の合衆国に似ている。

ほかにも土地収用の困難さ、労働組合の強さなどインドには難題が多いけれども世界第二位の人口、英語が通じるというメリットがあり、世界中から著名企業の進出が続いている。

この事態の推移に慌てた中国は「アジアインフラ投資銀行」「BRICS銀行」「シルクロード構想」などの観測気球をぶち挙げ、目の前にニンジンを見せびらかしながらインドの周辺国に膨大な資金を注ぎ込んで、バランスを取ろうとしている。

インド亜大陸は英国が植民地とした。強引に地図を線引きしてインドからパキスタン、バングラデシュ（当時は東パキスタン）、そしてミャンマーを分けた。

これに果敢に立ち向かったのがインドやミャンマーの知識人である。日本軍に協力し、戦後、かれらが中心となって独立を獲得した。背後には日本の徹底した独立運動への理解と支援があった。

英国の植民地支配は被征服民族の分裂と内訌《ないこう》を煽り、たとえばミャンマーでは国王夫妻をインドへ強制移住させ、王女はインド兵に与え、王子たちは処刑した。旧ビルマから王制は消えた。そのうえでムスリム（イスラム教徒）を六〇万人、いまのバングラデシュから強制的にミャンマーへ移住させ、仏教の国に激しく対立するイスラムを入れたのだ。一方、北部のマンダレーには大量の華僑を入れ、少数民族を山からおろしてキリスト教徒に改宗させ民族対立を常態化させて植民地支配を円滑化したのだ。

ベトナムでフランスが同じことをやり、インドネシアでオランダがそれを真似、インドにも英国は民族の永続的対立の種をまいた。つまり言語と宗教の対立をさらに根深いものとして意図的に残し、あるいは強化し、インド支配を永続化させようと狙った。

グラバイ・デサイ（インド弁護士会会長）は一九四六年にこう述べた。

「この度の日本の敗戦はまことに痛ましく、心から同情申し上げる。しかし、一旦の勝負のごときは必ずしも失望落胆するには当たらない。ことに優秀な貴国国民においてはおやである。私は日本が十年以内にアジアの大国として再び復興繁栄することを確信する。インドはほどなく独立する。その独立の契機を与えたのは日本である。インドの独立は日本のおかげで三十年早まった。これはインドだけではない。インドネシア、ベトナムをはじめ東南アジア諸民族すべて共通である。インド国民は深くこれを銘記している。インド国民は日本の復興にあらゆる協力を惜しまないであろう。他の東亜諸民族も同様である」（デリーの軍事裁判に参考人として召喚された藤原岩市F機関長らに対する挨拶）

こうした歴史的経緯と友好の歴史があるがゆえに日本企業はインド進出を加速させている。

新交通システム、ゴミ処理場、新庁舎建設などに円借款も活用し、ＪＩＣＡなどノウハウを持った国際機関との連携も深めジャパンデスクも創設した。バイデラバードには東大が協力する技術大学も建設が決まっており、数学の天才らが集まると言われる同市からはビル・ゲイツの後継者となったインド人が出たように、次世代コンピュータソフトの開発では世界最高水準を維持している。

貧しさがゆえに希望があるバングラデシュ

バングラデシュは人口大国

この小冊のための取材旅行では関空ＪＡＬホテルに前泊し、バングラデシュの首都・ダ

バングラの農民たちと筆者（中央から左）

ッカへはマレーシアのクアラルンプール経由で向かった。

やけに時間がかかる。しかもダッカで着陸をやり直した。北京のＰＭ２・５騒ぎ同様に南アジアのヒマラヤの麓《ふもと》は砂嵐と霧で視界が滅法悪い。上空から見ると駐機中の飛行機が泥水に沈んでいるかのように錯覚した。砂が霧状に立ちこめているからである。

二回目にようやく着陸しダッカの街へ入った。その聞きしにまさる交通渋滞は一〇年前とあまり変わりがない。筆者は一〇年前にもバングラデシュ各地を歩いた経験がある。

人力車のタクシーが五〇万台とい

うが未登録の闇リキシャがほかに五〇万台。合計一〇〇万台が市内の幹線道路を占領している。外国人を刺すような目で見る。産業が少ないため男たちに雇用機会が希少だからだ。ただし中古、オンボロ自動車は激減し新車が目立つ。経済が上向きな証拠で、この現象は南アジアからミャンマーにかけて共通だ。走っているクルマは圧倒的に日本車だが、一部の金持ちはＢＭＷやアウディを疾駆させている。貧困国とはいえ財閥はどの国にもいるものだ。

数年前に縫製工場のビルが崩壊し一〇〇〇名の犠牲者が出る惨事があった。この事件で露呈したことはミシン女工が四〇〇万人もいて、この半分が中国系企業に働いていることだった。町の看板はＪＵＫＩなど日本のミシンの宣伝である。ダッカ市内には五万人のチャイナタウン建設が喧伝《けんでん》されたが、まだ影も形もなかった。

「五万人もの中国人が来る？　反対運動が起きるんじゃないですか」と地元の人々が言った。

ビルは六階建てくらいが上限で、竹で足場を作り煉瓦《れんが》を積み重ねる原始的な工法が多い。だから重量に耐えかね崩落事故が起きる。湿地帯だから地震の心配はないが、逆に陥没事故、落盤、洪水、台風が年中行事である。

したがってミシン工場のほか目立つ産業は煉瓦、マッチ、セメント工場ていど。日干し煉瓦の生産現場は家内制手工業で、手で泥をこねて型にはめ、煉瓦を一つひとつ作っている。労賃は一個一円五〇銭程度。一日働いて六〇〇円である。煉瓦工場は無数にあり、煙突は規定で五〇メートルというが田舎へ行くと、どう見ても三〇メートル、なかには瓦も生産しており、イタリアへ輸出しているという。

出稼ぎ労働者の送金で成り立つ国

一〇年前と比較して、もう一つの驚きがあった。両替商、闇ドル屋が街から消えていることだった。これは大きな変化である。

隣国インドでもモディ新首相の登場に前後して勃興《ぼっこう》したナショナリズムは街から闇ドルを駆逐した。自国通貨への自信回復は経済政策の根幹である。バングラデシュもまた外国通貨より自国通貨の流通に苦心しつつ邁進《まいしん》している（ネパール、ブータン、スリランカではまだ米ドルが大手を振って通じる）。

ちなみにダッカ市内の銀行で外国為替の両替順を書き写してみた。トップは米ドル、次は意外にも英ポンドだ。やはり旧英国植民地の名残り、その次がユーロなのは当然にしても日本円との交換レートは記載されていない。ならば四位以下はというとシンガポール・ドル、サウジ、マレーシア、ＵＡＥ（アラブ首長国連邦）である。この順序こそはバングラデシュ人の出稼ぎ先ランキングでもある。それほど外国への出稼ぎ、かれらが懸命に働いた送金で国家収入の相当部分が成立しているわけだ。

バングラデシュは農業でも人があふれているから出稼ぎに外国へ行く。そして外貨準備は出稼ぎ労働者の送金で成り立つ国ゆえに空港は産油国とマレーシア、シンガポールへ出稼ぎに行く人々でごった返している。

出稼ぎ一人が外国から帰ると平均で一〇人が空港に出迎える。フィリピンも一時期そういう風景が日常だったが、ダッカ空港では深夜でも出迎えの人々で周囲は鈴なりの人だかりだ。迎えの車が到着するまでに一時間近い時間を無駄にした。

ホテルは四つ星でも風呂のお湯はほとんど出ないし、日本との電話はつながらない。ＦＡＸの送信は一枚三〇〇〇円もかかる。通信が貧弱で若者は時代遅れの携帯電話を持っている。町で日本語はまったく通じない。英語が少し通じるほどでコミュニケーションにも大きな支障がある。インフラ整備にもう少し時間を要するだろう。

首都のダッカばかりか、バングラデシュは狭い国土に人間がひしめき合い、半分の国土は湿地帯ゆえに定住地は限られている。人口密度は世界一、そのうえ若者が多い。人口はじつに一億六〇〇〇万人である。国民の識字率は低く、農業国家として農作物の輸出で糊《こ》口《こう》をしのぎ、あとは手先の器用な女性が大量にアパレル、服飾、繊維産業に流れている。

日本企業の進出はユニクロ、小島衣料など一八〇余社、韓国（二二〇社）より少ない。ところが外国人の不動産取得が可能なため土地、マンション投資を果敢に展開する日本企業が早くもダッカに存在している事実も驚きだった。

軽工業と農業が主体ゆえ地方へ行っても戦前の日本のように農村におびただしい若者がいる。農閑期になると昼間からぶらぶらしているのがやたら目に入る。眼鏡をかけた人はいない。都市部にも眼鏡屋を見かけない。

外国人が珍しいせいもあって街を歩いているとワッと集まってくる。物乞いは少なく、人なつっこい目をしている。ベンガル特有の黒褐色の肌だが、女性のなかには長身でモデルのような美人が多くなった。

ダッカから南西へ二〇〇キロ、クルナ市周辺は魚介類の養殖も盛んで主にエビが輸出の稼ぎ頭だ。湖沼、泥濘《でいねい》の湿地では小魚やバラエティに富む小魚にナマズ。昔ながらのカワウソ猟も観光用に残っている。このクルナからさらに南へ八〇キロ、世界遺産「シュンドルボン国立公園」の宏大な敷地が広がり、河川が縦横に流れマングローブの湿地帯が延々と続き、ワニ、猿、鹿、五〇〇種類もの花々。ここだけは西欧人観光客が目立つ。

各地の農村では懐かしき田植え風景が見られ、時代遅れの耕耘機《こううんき》やらリヤカー、牛車、馬車。ちなみに牛の糞を集めて棒にこすりつけた燃料が普及しており、一本三円。備長炭の焼き鳥なんぞ夢のまた夢である。飲酒は御法度でどこにも売っていないが唯一国産のビール「ハンター」をガイドに頼んでなんとか手に入れてもらった。一本五〇〇円もする。タバコは安い(一〇本入り一箱が二四円程度)。

コンビニはゼロ、日本でも半世紀前まで残っていた雑貨屋風の店がいたるところにあるが陳列商品が貧弱で、この風景はインド、スリランカ、ネパールなどと共通である。市場は主に屋台村とバザール。朝から活気にあふれ、野菜、果物、お米など物資、商品は豊富で安いのだが、日本人向けの食材はほとんどない。米もインディカ米と赤米、ジャポニカはない。例外的にスーパーらしき店が高級住宅地にあったので、ためしに入るがスナック菓子まで中国からの輸入品。周辺には韓国バーベキューの店が多かった。韓国は第二の都市チッタゴン近郊に大規模な工業団地、中国は港湾を造成中である。

こうなるとバングラデシュの今後の経済発展のカギは労賃の安さが最大の武器だろう。とくに軽工業、繊維、雑貨などにとっては魅力である。なぜならシンガポール、マレーシア、タイの賃金はもはや中国並みであり、最低賃金比較で見ると、インドネシア、フィリピンも急上昇した。わずかにベトナム、ラオス、カンボジアが川下産業の進出先として残るのが東南アジア労働市場の実情であるとすれば、南アジア、とりわけミャンマー、バングラデシュ、インドが今後の有望地帯だ。パキスタンとアフガニスタンはゲリラ、テロリストが入り乱れており、日本企業が進出する可能性は極小である。

反中国だが中国の進出が止まらない

バングラデシュ経済の浮沈は極端に言えば日本の六〇〇〇億円の援助に大きく依存している。安倍首相のダッカ訪問（一四年九月）では巨額の援助をぶち挙げて世界の度肝を抜いた。

安倍首相のバングラデシュ訪問にはＩＨＩ、清水建設、三菱重工などの企業二〇社以上が随行し、インフラ整備などに向こう五年間で六〇〇〇億円を供与するとした。日本経済界のバングラデシュへの期待はベンガル湾からインド洋を臨む地政学的要衝という利点のうえ、ミャンマーと国境を接し、ＡＳＥＡＮとインド経済圏を結ぶ架け橋でもあるからだ。

バングラデシュ国民から見れば日本はまぶしい存在なうえ、各地の幹線道路や橋梁は日本が建ててくれた。日本の国旗がちゃんと工事現場の石碑に嵌《は》め込まれていて感謝の意を表している。

韓国の進出は日本より目立つが評判は悪い。中国は率直に言って嫌われている。理由を聞くと、独立戦争と爾後《じご》の安全保障、外交問題につながる。

一九七二年まで「東パキスタン」を名乗ったバングラデシュは、「パキスタンからの独立」

を掲げての戦争だった。だからパキスタンは大嫌い。その背後にいる中国はもっと嫌い。インドは保護国だから好き、インドと仲良しの日本は独立後最大の援助をしてくれたので大好きという構造になる。町中では日本国旗に似た、「緑地に赤」のバングラの国旗があふれていた。

しかしバングラデシュは武器を中国から輸入している。そしてチッタゴン港の浚渫《しゅんせつ》、開港後プロジェクトはとうとう中国企業が落札した。

貧富の差が激しくイスラムの戒律が厳しいが、人々の表情はなぜか明るい。未来に希望を持っているところが日本の若者たちとたいそう異なると思った。

「世界一幸せ」? ブータン

国土を中国に浸蝕された

ブータンはインドの保護国である。

軍事力をインドに依拠し国家の安全を保障してもらっているからだ。だからブータンの通貨はインドルピーに為替レートを固定させており、また若者たちはインドへ語学留学に行く。

「世界一幸せ」と喧伝《けんでん》された神秘の国はヒマラヤ山脈の麓に拓けた山国である。ブータンは何回も国土を中国に盗まれているため、すっかり反中国、いまだに正式の国交がない。軍事的にはインドを頼る以外に道がない。

タイの首都バンコクで乗り換え、ブータンの首都ティンプーの西にあるパロ空港に着いた。山脈を縫っての着陸だったのでアクロバット飛行のごとし、ちょっと怖い。

パロの街は中国陝西省の延安に地勢が酷似しており、川に沿って細長く街が発展し周囲は山に囲まれている。したがって一本の短い滑走路、ジャンボ機は着陸できない。おまけに道路事情が悪いので大型バスは市内だけ、地方へ足を伸ばすにはマイクロバスか、スズキアルトの小型タクシーしかない。昔、荷物を運んだというロバは見かけない。

空気が綺麗で新鮮、思わず空港で深呼吸。空港ターミナルの入り口には国王夫妻の巨大な写真が飾られている。民族衣装をまとって、はにかむような笑顔だ。

パロの空港から街へは車で二〇分ほどデコボコ道と未舗装の山道を走る。パロの街並みは一〇〇年前にタイムスリップしたように古色蒼然《そうぜん》、瑠璃《るり》色の瓦、黒い木材を使った商店街は観光用のセットかと思うほどにノスタルジーを感じさせる。商店を覗くと仏像、タンカ（仏画）はほとんどがインドかネパール製。ほかに色石、和紙の手帳、民族衣装などしか品揃えがなく、まずいビールが三種類だけ。タバコは禁止。公衆の面前で喫煙すると罰金か刑務所行きである。

――これじゃ、観光客は少数に制限されるし、ブームはこないだろう。

はたして欧米の文化的影響は極小であり、日本からアイドル歌手が来て街を歩いても誰も振り返らず、米国のスターがパロの街を平然と歩いたが、誰一人声もかけなかったという逸話が残る。日本のアニメも紹介されていない。漫画も入っていない。

こうなると何が起きるか。日本で地方の盆踊りを連想すると理解が容易だが、仮面を付けた単調な踊りのお祭りが年中行事。これを見にゴザ、水筒、弁当を抱えてかなりの見物人がある。ほかに楽しみがないから、ブータンはやっぱり世界一幸せなのである。

ならばこの国の財政はいかにして成り立っているのか。外貨収入の第一は豊饒《ほうじょう》な水力による発電で余剰電力をインドに売っている。次に観光客に一日当たり二九〇ドルの強制両替、つまり冷戦中、ソ連や東欧諸国がそうであったように、強制徴収システムがあって大事な外貨獲得になる。外国人からの税金である。その次が小麦、木材などの輸出である。欧米人のトレッキングがブームだといってもロッジが整わず、悪路が続くので依然として少数派、旅慣れた人は規制の少ないネパールへ行く。つまり観光立国をめざすにせよ、道路、交通機関、アクセスの貧弱さなどインフラの拡充が遅れている。

建物も六階建てが上限のため、ホテルはロッジか旅館程度が関の山、やっぱり静岡市より少ない人口だから、それでやっていけるのだ。義務教育ではないが、田舎でも小学校へは行く。子供たちは簡単な英語を喋る。医療費は無料である。

ブータン最大の都市は首都のティンプシー（人口が一〇万弱）である。王宮はチベットのポタラ宮殿に匹敵するほどの広さ、荘厳さを誇っていて壮観と言ってよい。

ブータンは九州くらいの面積しかないうえ、ほとんどが山、それも北方はヒマラヤ山脈で七〇〇〇メートル級。ちなみに「あの山の名は？」と尋ねても六〇〇〇メートル以下の山には名前がなく「右から六番目の山」とかの答えが返ってくる。

水利が豊かなので山の稜線は棚田がどこまでも続く。赤味がかった稲穂が特徴で、なつかしや、田圃《たんぼ》には案山子《かかし》、赤とんぼ、蛙。用水路は清流が流れている。稲作のほか、サトウキビ、トウモロコシ、ジャガイモ。そして赤唐辛子。棚田の美しさを見ていると日本にいる錯覚に陥るほどである。静寂で、夜は川の音しか聞こえない。のどかな田園が山々の間に広がる。民家を訪問すると外国人歓迎で独特なバター茶でもてなしてくれるが、これは日本人には不向き。杯を空けないでいると、「それなら」と出してきたのは自家製の蒸留酒。日本の麦焼酎に似てまろやか、思わず四杯呑んでしまった。

小麦も豊かなのでパンが美味しい。民家では庭に牛を飼い、鶏小屋があり、犬が寝そべり、野菜をすこし育てている。名も知らぬ花々が咲き乱れている。

ドチュラ峠（海抜四〇〇〇メートル）を超えてプナカ（旧首都）へ向かった。峠から見渡すと遠くに七三一四メートルのチョモラリが見えた。山の中の辺疆《へんきょう》とも言える場所にあるのがプナカで、なんとここが三〇〇年間、ブータンの首都だった。「冬の王宮」と呼ばれる王宮は二つの川が交差する中州に建てられた立派な城である。これは地政学を熟慮した地形を選んでの軍事的要塞である。

この「冬の宮殿」で現国王夫妻の結婚式が執り行われた。ワンチュク国王とペマ王妃は民族衣装（ゴとキラ）に身を包み、象と馬の行列に導かれて入場した。国民はこぞって祝った。

人口過疎、だが若者が多い

ブータンは若者が多い。純朴で、子供たちははにかみや、人を騙《だま》すような面構えのブータン人を見つけるのは難しい。そして国王以下、みんなが民族衣装を着ておりジーンズやミニスカートはいない。

しかし日本でも長野県がそうであるように山を一つ越えると方言が異なる。それどころか、ブータンは山岳民族と遊牧民に加えてインド系、チベット系、ネパール系にシャーマニズム（意のままに神や精霊と直接的に接触・交流し、その間に神意を伝え、予言をし、病気治療を含むいろいろな儀礼を行う呪術《じゅじゅつ》・宗教的職能者シャーマンを中心とする宗教形態。日本では恐山のイタコが有名）を信仰する土着民が混在するので、部族間でまるっきり言語が違う。公用語はゾンカ語だが普及率は二五％しかない。

だからインド同様に統一言語は英語と決められ、それも小学生から授業は英語である。道路標識も街の看板も英語が主体である。

ＧＤＰならぬ「ＧＮＨ」（Gross National Happiness、国民の幸せ度）でブータンが「世界一」なんていうのは誇大宣伝であり、それも日本のマスコミが一人合点して、大きく伝えたせいで一人歩きしている。

実態は貧困にあえぐ国民が二割近く、ＧＤＰは四〇億ドル程度だ。文明的なインフラが不揃いなうえ、言語教育に難点があり、失業率が高く、日本的な価値基準からすれば、とても幸せとは言えない。けれども事実上の鎖国をしているから外国の邪悪な思想も文化も入らず、伝統的価値観が生き残り家族を大事にし、田舎ののんびりとした生活で満足できる。幸せだといえば、それは感じ方の問題である。食料が豊かなのでほかに不満が少なければ少ないほど幸せを感じるのである。

ブータンの冬の王宮

街を歩くとやたら黒犬が目立ち、道路にのんびりと寝そべっている。しかも野犬だ。ただし去勢手術と狂犬病の注射をすませているので「野犬はこれから減りますよ」とガイドが言った。いまのところ「犬も幸せな国」である。

牛ものんびりと道路を占領する。インドに似ている。ブータンは仏教が主体とはいえ、インドと隣接しているため土着の民はヒンズー教とシャーマニズムを基礎に上積みされた、外来宗教としての仏教（それもチベットのドゥク・ガキュ派）である。したがってダライ・ラマ法王が最高位。寺院の建築思想はチベット仏教風だが、おまじないの白い旗をなびかせ、そこにも経文を書いたりしている。

土葬、火葬の習慣がなく遺灰を川に流す習

慣はヒンズーであり、山の高いところでは鳥葬が行われている。したがってブータンには墓がほとんどない。お墓がぽつんぽつん存在するのはキリスト教徒とムスリム。

牛は聖牛扱いだがブータン人は牛肉も食べる。主食は赤みがかった米、鶏肉、ジャガイモで、野菜が少ない。川魚は漁が禁止されているためインドから輸入。つまり魚はほとんどない。食生活は質素そのものだ。

中国が大嫌いなブータン人

前述のようにブータン人は中国が嫌いだ。

ＰＥＷ研究所の調査によれば九三％の日本人は中国が嫌いらしいが、ブータンは九九％が中国嫌悪、いまだに外交関係がない。かわりにインドと防衛条約を結んでいる。

実際に筆者は五日間ブータン各地を歩いたが見かけた中国人は五人だけだった。一眼レフを持っているのですぐわかる。中国語で話しかけると驚いた表情になるが、それだけ、彼らがブータンでは嫌われていることを自覚し、神経を使っている証拠だろう。世界中どこにでもある中華料理レストランがパロ市内に一軒だけだった。

ブータンは「平和な国」という好イメージも実際は大きく異なり、戦争をいくつか経験している。チベットとも、ネパールとも、そしてインドとも。だからあちこちに軍要塞跡が残り、仏教寺院の多くは城のような建て方である。軍は志願兵で一万人の陸軍だけ。

中国を嫌う最大の理由はマオイストの跳梁だった。二〇〇三年にアッサムから三〇〇〇名のマオイストが武装してブータンに入り込んだ。かれらはインドからの独立を主張していて背後で中国が使嗾していた。ブータン国王自らが交渉したが埒《らち》が明かないので軍事作戦を敢行し（前国王が軍の指揮を取った）、テロリストをインドに引き渡した。ネパールがマオイストによって王制が覆滅《ふくめつ》されたようにブータンが中国を危険視する動機はそれである。

日本の皇室との交流が深く、ブータンが親日国家であることはよく知られるが、ＪＩＣＡの農業指導が行われており、一五〇名ほどの日本人がいる。ブータン農業の指導と発展に尽くした西岡京治《けいじ》（一九三三―一九九二）が日本人で一番有名で尊敬されている。

マオイストが猖獗《しょうけつ》するネパール

ネパールは誇り高い国である

ネパールはお釈迦様が生まれた国だけあって独自の文化の矜持《きょうじ》を誇り、道徳を尊ぶ半面、山岳地域だから空気が薄い。独特な国民性を作りあげ、王制を転覆させて、いまはマオイストが政権を握る。だから中国に急傾斜している。

「国際平和の最前線に貢献するのはネパール」とカトマンズ国際空港の看板に書かれているのはネパールが誇るグルカ兵のことである。国連軍に一〇〇〇名が常時派遣されている。ほかに一〇〇〇名がブルネイ王宮を守っている。

グルカ兵ＯＢは引く手あまたで、たとえば香港、シンガポールなどの銀行ガードマン（ただし軽機関銃で武装している）を担っている。

ネパールはヒマラヤ山脈の南側、六〇〇〇メートルから八〇〇〇メートルの山々は世界の登山家を魅了したが、同時にチベットからの難民ルートであり貴重な水源地でもある。

インドは従来、ネパールを保護国なみに扱い、また最貧国で寒冷地のため農業生産も思うようにならない。それゆえにインドの援助に期待してきた。ネパールの若者はインド、シンガポールに出稼ぎに出る。近年は相当数が日本にもやってくる。

ところが、ところが。いまや街を大股《おおまた》で風切って歩く、圧倒的な観光客は中国人になった。

それも若者のグループが目立ち、傍若無人ではなくいささかは礼儀を心得ているようだ。しかしネパール料理は口にあわないらしくカトマンズにおびただしくある中華料理か日本料理に集まっていた。

華字紙が「中国外相、尼泊爾、孟加拉を訪問」と報じていたが、前者はネパール、後者はバングラの意味だ。

二〇一四年十二月二十六日、王毅（中国外相）はカトマンズを電撃訪問し、「両国関係は互恵的であり、友誼《ゆうぎ》関係に揺るぎはなく、また同時にインド、ネパール、中国の三国関係は南アジアの安定にきわめて重要」と述べた。

同時に「早い時期に李克強首相がネパールを訪問する」としたうえで、王毅はネパールの発電所建設に一六億ドルを貸与するとした。この額はインドがネパールに対して行っている経済援助より多く、あまりに露骨な札束外交とその傲慢《ごうまん》さにインドは不快感を示した。自分の庭先に敵兵が土足で踏み込んだような印象であり、米国が中庭と思っていたキュー

中国人の進出がすごい（ネパール）

バにソ連がミサイルを搬入したような衝撃だった。

しかし中国を梃子《てこ》にインドと距離を取ろうとするのがネパールのしたたかな外交均衡感覚である。ネパールは外交的に誇りを重んじ、ときに頑固でさえある。ブータンのようにインド一辺倒の純朴、木訥《ぼくとつ》、純真さはない。

この中国外交に警戒を強めるインドは王毅外相のネパール、バングラデシュ訪問を大きく取り上げ、インドの庭先を荒らすかのような行為に批判的だった。

筆者はネパールに二回行ったことがあるが、この国の国民は仏教を信仰しているうえ向学心が高く、人々は親切で日本人を尊敬している。プロスキーヤーであり冒険家の三浦雄一郎は八〇歳でもエベレストの登頂に成功して話題となったが、多くの登山家もネパールに行く。

近年の流行はヒマラヤ山麓《さんろく》のトレッキングである。じつは筆者も息子を同行したおり、トレッキングをするという息子とは飛行場で別れ、ポカラを起点に二日ほど歩いてカトマンズのホテルで合流したことがある。野外スポーツを楽しむ若者が世界中からネパールに集まっているのだ。

そしてネパールはチベットからの亡命者が多いにもかかわらず、政権はマオイスト連合、外交路線は露骨に親中派で、インドをますますいらだたせる。ネパールの人々にはチベットがいかに侵略されたかを語って聞かせる必要があると思った。

チベットの悲劇

ペマ・ギャルポ『犠牲者一二〇万人　祖国を中国に奪われたチベット人が語る侵略に気づいていない日本人』（ハート出版）は涙なくして読み通せない。

行間にも氏の苦労、チベット人の悲劇、その懊悩《おうのう》と悲惨な逃避行のパセティックな思いが滲《にじ》み出ている。中国にあっという間に侵略され、中国に味方する裏切り者も手伝って、一二〇万もの同胞が犠牲となった。ダライ・ラマ法王は決死の覚悟でヒマラヤを越えてインドに亡命政府を作った。その表現しようのないほどの深い悲しみ、暗澹《あんたん》たる悲哀、血なまぐさい惨劇、しかしこのチベットの教訓こそが、日本がいま直面している危機に直結するのである。

日本人よ、中国の属国に陥落し、かれらの奴隷となってもよいのかと訴え続けるのである。なぜなら日本侵略計画はすでに日中国交正常化から開始されており、この謀略にほとんどの日本人が気づいていないという実態にいらだつからだ。

チベットは「寛容の国」だったがゆえに「寛容の陥穽《かんせい》」に嵌《はま》った。結局は邪悪な武装組織、つまり中国という暴力団の塊のようなならず者によって滅ぼされた。日本は平和憲法という、肝要な国家の基本法を押しつけられてから七三年も経つのに、いまだに後生大事に墨守している。それが国を滅ぼす元凶であること、左翼の言う「平和憲法」擁護には騙されてはいけないことを力説している。

ペマは最初に埼玉県毛呂山町に住んで、チベット語を喋る木村肥佐夫と出会った。この木村肥佐夫なる人物は波瀾万丈《はらんばんじょう》の人生を送りチベット潜行一〇年、チベット名はダワ・サンポだった。木村は英語、モンゴル語をマスターし、さらにチベット語をネイティブスピーカーのように操った。木村がチベットに潜り込み、そこで日本の敗戦を知った。残地諜報員としての職務も自動的に解かれ、以後帰国までの流浪物語は木村自身が回想録を書いた。それをもとに木村の生涯を描いた英語本もある。

戦後、ようやく帰国した木村が外務省へ行くと、かれの体験的情報に、外務省がまったく興味を示さなかった事実も、いかに外務省が腐っているかを証明しているのだが、その批判は別の機会に論ずる。ともかく本書のエピソードのなかで圧巻の一つが、この木村がペマ青年を前にして迎えたチベットからの要人との対話の場面である。中国の傀儡《かいらい》となってからのチベット政界の大物が日本にやって来たときのことだ。チベット政府の内閣官房長格だったバラ氏に会ったとき、木村は言った。

「閣下はわたしのことを覚えていらっしゃいますか?」

パラ氏は答えた。「ハイ、覚えています」

すると、木村先生はさらに乗り出した。

「わたしはダワ・サンポです。ソクボ・ダワ・サンポです」（中略）「わたしのことなど覚えているはずがない。あのころ、あなたは天下の大バラでしたから。あなたの顔をまっすぐ見られるチベット人はほとんどいなかったが、わたしはよく覚えているよ。わたしはあなたの顔を忘れない。わたしたちが（チベットの改革のための）嘆願書を出しに行ったとき、あなたはわたしたちに物を言わせずに、叱りとばした張本人だった」

そして先生はわたし（ペマ）を指さし、「この子たちを国のない子供にしてしまったのはあなたたちだ」。

しかし、そのときのバラ氏は立派だった。

彼は静かにこう言った。「おっしゃることはごもっともだ。だが当時のわたしたちは英国をはじめ、周囲の圧力と国内の不満に挟まれ、炎のなかにいるような感じで、かれら（チベットの改革派）を国外に追放することで精いっぱい寛大な措置をとったつもりであったのだ。全員処刑しても収まる状況ではなかったのですから」（ペマ前掲書）

チベットの大型水力発電をインドとバングラが批判

チベット自治区にはヤルツァンポ（雅魯蔵布）川がある。ここに大型水力発電所が建てられ二〇一四年十一月から発電を開始した。

案の定、下流にあるインドではヒマラヤの水を盗む中国として批判が渦巻いた。インドのメディアは「この発電所はインドにとって安全保障上の脅威であり、洪水や生態環境への影響をもたらす」と懸念を表明した。

ヤルツァンポ川は世界最高の標高（平均四〇〇〇メートル）を流れる大河だ。チベット西南部のヒマラヤ山麓の氷河が水源。南東方向に流れ、中印国境近くで南北に分岐し、インドのアッサム地域を通りバングラデシュの真ん中を縦断し、インド洋ベンガル湾に流れ込む。全長は三八四八キロ、年間水量は一三九五億立方メートル（中国では五番目。長江、黄河、黒竜江、珠江に次ぐ)。潜在的発電量は一億一〇〇〇万キロワットあるとされ、中国全体の発電量の六分の一に相当する。

発電所を運営する華能集団は「環境に配慮し、生態系保全のため三億二〇〇〇万元を投資して魚の通路となる魚道や養殖所、太陽光発電システム、汚水処理場、ゴミ回収所を設置した」などと釈明しているが、日本でもアルピニストの野口健らが痛烈に批判している。

水資源の問題は深刻であり、周辺国の係争原因の一つ。しかしどの国も「国際河川の非航行利用法条約」への締結を渋っている。

対抗上、インドは「北の水を南に運ぶプロジェクト」や「内陸部の河川網整備プロジェクト」を策定した。

経済発展に電力は絶対に欠かせない。しかし同時に水の利用は農業と生活用水に直結し、加えて生態系、自然環境が重要である。すでに明らかなように中国は世界最悪の公害輸出国でありPM2・5が象徴する大気汚染、上下水道施設の遅れ、ゴミ放置、モラルの欠如は未曾有の自然環境を破壊し、生態系を壊滅させるだろう。

そしてネパールの急激な中国傾斜を抑制すべくモディ印首相は五月初旬にカトマンズを訪問した。

憂鬱な仏教国・スリランカ

中国にNOを突きつけたが……

麻生財務相が「AIIBはサラ金」と比喩《ひゆ》したように、高金利が追いかけてくる、身ぐるみはがれる仕組みとなっていた。その被害の典型がスリランカである。

前スリランカ大統領で親中派のラジャパクサはコロンボ沖に広大な人工島を建設し、そこをシンガポールと並ぶ「国際金融都市」とする、という中国の甘言にまんまと引っかかった。そしてハンバントタ港を国際流通ルートのハブとする話にもうっかり乗ってしまった。

シリセナ新大統領となって、いったんはすべての中国プロジェクトの見直しが発表されたが、後の祭り。このままもしプロジェクト中断となるとスリランカに膨大な返済義務が生じることが判明した。不承不承、シリセナ政権は工事の再開を認可し、ハンバントタ港は熾烈《しれつ》な「反中暴動」が燃え広がったにもかかわらず、九九年の租借を認可しなければならない羽目に陥った。同港にはすでに中国海軍潜水艦が寄港しており、近未来にインド洋を扼《やく》す地政学的な要衝となるだろう。インドがただならぬ警戒態勢を敷くのも無理はない。

コロンボ沖合の埋め立て工事は、六〇%が完了し、計画どおり、二〇一九年度中には完成するという。

三、四年前に筆者はコロンボの現場で、まだ影も形もない沖合を見た。夕日の綺麗な場所で海岸沿いには大統領迎賓館、その裏側が近代的なビルの立ち並ぶ一角であり、海岸線沿いにはシャングリ・ラ・ホテルなどが建設中だった。局所的とはいえ、スリランカの発展も迅速である。

ところで土木工事の常識から見ても、海を埋め立てる工事は地盤固めが重要であり、シートパイルの打ち込み、セメントなどの流し込みほかの難題。日本は関空、中部、羽田沖埋め立て工事でおなじみだが、かなりの歳月がかかる。中国の工期が早すぎるため将来の人工島の陥没、あるいは沈没が予想されないのか?

それはともかく海に浮かぶ蜃気楼、たとえばドバイは次々と人工の島を作り、モノレールを通してつなぎ、七つ星のホテルも建てて、繁栄の幻に酔ったが、加熱した不動産バブルは一度破産した。最大の投機集団は中国のユダヤと言われる温州集団だった。

スリランカは昔の名前がセイロン。紅茶の代名詞、日本人には仏教国としてなじみが深く仏跡巡りツアーなどもときおり見かける。

筆者がスリランカへ行くのは二度目だったが、三三年前には空港にトランジットしただけで、その掘立て小屋のような粗末なバラックが空港の待合室だった。天井の扇風機が回っていたが、蚊が入り込んできた。

二〇一四年に訪れたときは空港はすっかり近代化され、ビル全体に空調が行き届いており、快適だった。頼んでいたガイドは土建企業の下請けで日本に三年ほど働いた経験があるという。そして、このガイドに「真っ先にチャイナタウンを案内してほしい」と言うと、「コロンボにはチャイナタウンはありません。中華料理レストランが三軒あるだけ」と答えた。多くは橋梁の建設現場にいて集団生活をしていると説明しながら、こう呟《つぶや》いたのだ。

「そういえば中国人の建設現場周辺で不思議なことが起きてましてね」

「何が起きたのですか？」

「犬と猫がいなくなったのですよ。最近はカラスも」

思わず絶句してしまった。世界中で嫌われている中国人のマナー違反と文化摩擦の典型のパターンがスリランカにも押し寄せているとは！

中国人がおびただしく在住しているのだが、特定の場所に集中している。それもこれもスリランカ政府が中国から膨大な資金と経済援助をもらい、こうした北京との癒着ぶりはインドばかりか欧米ジャーナリズムから批判されていた。

暴動が頻発する

スリランカの第二の都市はキャンディ。観光名所でもあり、仏教の寺院が林立し、静かなリゾートでもある。世界中から押し寄せる観光客は湖を見下ろす、緑に囲まれた高台に宿泊し、朝、湖の周囲を散策する。ちょうど一時間である。

この静かな街が突然の騒擾《そうじょう》に巻き込まれた。二〇一八年三月七日、シンハリ派の仏教徒過激派がムスリム居住区を襲撃し、モスクや商店に火をつけ、みるみるうちに暴動となった。警官隊が導入され、キャンディに非常事態宣言が出された。放火されたとみられる焼け跡から一人の焼死体が見つかった。

原因はムスリムの運転手が事故の処理をめぐって仏教徒と対立したことだった。仏教徒過激派は武装し、ミャンマーの過激派とも連携があるとされるが、この背後にいるのが親中派のラジャパクサ前大統領である。シリセナ政権が暴動を制御できなくなって社会が混乱に陥れば、次の選挙での復活がある。ラジャパクサは金権政治の象徴、その背後には中国がある。

スリランカは三〇年にわたるタミル独立運動過激派との内戦を終結させ、国内に治安が

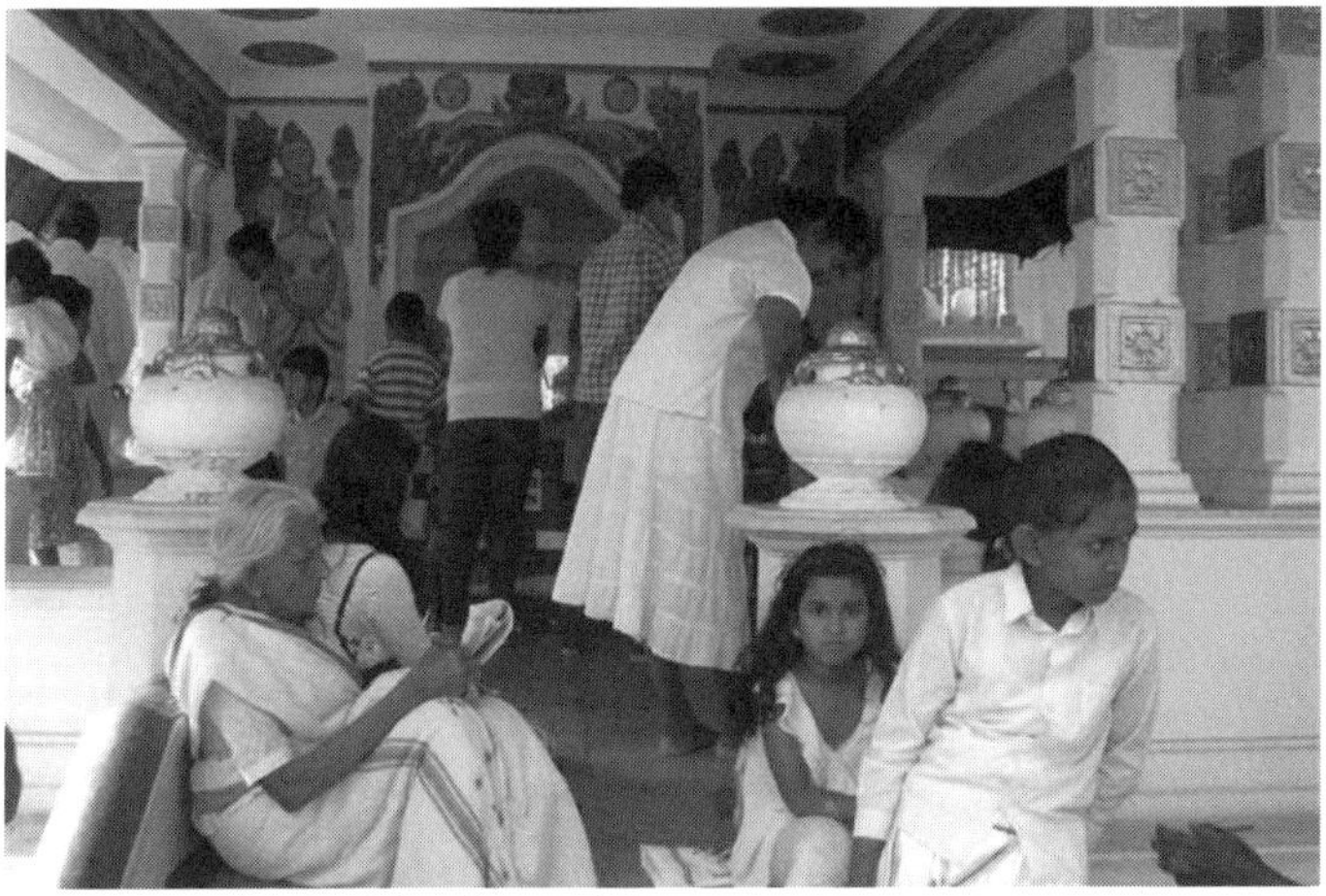
スリランカの仏教寺院は清潔だ（キャンディ）

回復、さてこれからが経済発展と思われた矢先、仏教徒vs.イスラム教徒の暴力沙汰《ざた》が起こった。ムスリムが報復戦に出れば混乱はますます深まり、社会騒擾が続くと、前大統領が裨益《ひえき》するという構造が根底にある。中国がほくそ笑む場面である。

シリセナ大統領は二〇一八年三月十三日に来日し、安倍首相主催の晩餐会に出席した。日本は追加援助を約束した。

シリナセはベテランの政治家である。青年時代から農業改革に挑んで、八九年に早くも国会議員。農業水利相も務めて、タミル族過激派の暗殺部隊に二回襲撃され、窮地に立った経験もある。シリセナはシンハラ人で仏教徒である。この清潔なイメージが、汚職の蔓《まん》延《えん》にあきあきした国民の期待を担った。しかし舞台裏は与党内分裂と野党連合との統一戦線だった。シリセナ新大統領はすぐさま大統領宣誓就任にのぞみ「社会と政治、経済を変革させる。それも一〇〇日以内に方針を出し、世界のあらゆる国と密接な関連を結び、外交を強化したい」と述べた。

勝因はラジャパクサ大統領とその一族の利権掌握、とりわけ外国支援をうけてのインフラ整備事業、港湾整備などで利権が一族の懐を肥やし、スリランカは孫の代になっても借金を払えない状態に陥没したことへの不満の爆発である。つまり中国がインド洋から南シナ海にかけて展開している「真珠の首飾り」戦略の一環としてスリランカの港がいずれ中国軍の基地化しかねない不安だ。

インドは外交戦略上、シリセナ候補を間接的に支持するのは当然としても旧宗主国の英国がメディアを動員してラジャパクサ一族の腐敗を暴き、シリセナ候補を間接的に支援した。選挙中もシリセナは「浅はかな外交でスリランカのイメージを破損した結果、スリランカは国際社会で孤立した」などと訴え、大統領宣誓でも「今後はインド、日本、そしてパキスタン、中国との友好関係を強化し、新興国との関係も区別しないで促進する」と述べた。

それにしても中国の大風呂敷は習性なのか？

中国がニカラグアに世紀のプロジェクト、「ニカラグア運河」を持ちかけ、工事を始めた。総額六兆円と謳われた。パナマ運河は全長七九キロ、工事期間は三四年間だった。いかにルートの中間に東西一〇五キロのニカラグア湖が横たわるとはいえ全長二七八キロ、実際の工事は一七三キロ、これを向こう六年間で完成させようというのは大風呂敷以外の何ものでもないだろう。

ニカラグア運河の工事を請け負ったのはＨＫＮＤ（香港ニカラグア運河開発投資有限公司）という香港の会社だが、これは中国共産党のダミー企業。ニカラグアのＧＤＰ成長率が一〇％台となり一〇万人の雇用が見込めるなどという青写真はともかくとして資金のメドは不透明だった。

パナマ運河はレセップスが工事を始めたが途中で資金が枯渇し、それを待つかのように米国が肩代わりした。この「米国の庭」ともいえるパナマのすぐ北方に別の大運河が開通すればパナマ運河は干しあがる。米国が黙って見ていることはないのではないか。

またニカラグア国内には土地を取り上げられる農民などが組織する反対運動が根強い。だから中国の大風呂敷を聞いたとき、筆者はいくつかの南アジアでの出来事を思い出したのだ。

テロリストの爆弾基地になる可能性が高い

バングラデシュはまわりをぐるりとインドに囲まれている。その国境地帯、とりわけ西ベンガルとアッサムの無法地帯には多くのテロリスト、過激派、分離独立主義者の秘密拠点がある。かれらはときに爆弾闘争に打って出る。

地図をひもとけば判然とするが、西ベンガルはバングラデシュの西北から北部一帯、じつに広い国境線が広がり、アッサムはバングラデシュの東側、ミャンマー国境との間に広がる宏大なインドの辺疆地域だ。

武装集団の跳梁に対してインドとバングラデシュの間に情報交換が円滑化しておらず、国家安全保障での共同作業がうまくいかないからである。またバングラデシュの山岳地帯とアッサム国境付近にもアッサム独立を唱える過激派のマオイストが盤踞《ばんきょ》している。

バングラデシュ第二の都市はチッタゴン。この港湾整備の一角を中国企業が請け負っている。将来、中国海軍が軍港として利用する野心があると言われるが、チッタゴン郊外に大規模な工業団地を造成しているのが韓国である。

近郊のアンワラ地区は多くの河川が流れる湿地帯で、工業団地の造成といっても土地の埋め立てに時間がかかる。森林には一七〇〇万本の木々があり、一七の湖沼があり、この土地を整備し舗装道路を作るのだが、土地使用許可さえまだ承認されず、プロジェクト自体が暗礁に乗り上げる可能性がある。

このことをスリランカの節で改めて書いたのも理由がある。当該土地はそれほどの密林、ジャングル、マングローブが密集、湖沼、そして氾濫《はんらん》する河川。こうした地域にもしテロリストが潜んで爆弾基地を作っても当局はなかなか発見できないということである。付近はインドからの分離独立を主唱するゲリラ武装組織が跳梁跋扈《ばっこ》しており、〇七年にはアッサムから出撃したマオイストがブータンに侵攻したこともあった。ブータンは国王自ら指揮を執り軍事制圧した。

中国はパキスタンでも「大活躍」。南北を縦断する「経済回廊」の建築に全面協力すると打ち上げた。イランとパキスタンの国境付近に位置するグワダル港の浚渫、港湾整備、波止場建設は中国企業が請け負っている。

これは将来の原潜寄港地でもあり、グワダルからカラチ、ラホール、イスラマバードへ。さらに北上して中国カシュガルへといたる全長四〇〇〇キロの「経済回廊」に総計四五〇億ドル（五兆三〇〇〇億円）を投下する。ニカラグア運河と同額の規模だ。その後、さらに増額され、五六〇億ドルになった。

このうち三五〇億ドルは沿線部のインフラ建設、鉄道改良工事、光ファイバー網を併設し、付近に発電所も建設する。グワダル港には貯炭、原油備蓄基地ならびに精油所を建設し、原油を中国まで輸送するという複合的計画だから、パキスタンにとっては中国がインフラ整備に寄与してくれるうえ、パイプラインの通過料で潤うという有り難いお話である。しかし「大風呂敷」が大好きな中国、世界中に壮大な廃墟《はいきょ》を量産するらしい。

新婚旅行のメッカだったモルディブ

中国がからみ戒厳令が敷かれた

中国がインド包囲網作戦として狙う、もう一つの島嶼《とうしょ》国家はモルディブである。この南インド洋の小さな、小さな島嶼国家をわざわざ習近平が訪問し、膨大な経済援助をぶち挙げた。懸案となっていた空港と市内を結ぶモノレール工事も着工した。

モルディブは人口四〇万人で、就労人口の四分の一が観光業に所属し、外国人観光客が落とすカネがGDPの一四%を占めるが、トップは中国人（年間四〇万弱、日本人は三万弱）。一人当たりのGDPは七〇〇〇ドル近いとされるが、観光業のほかには漁業しかなく、統計は正確とはいえないだろう。

二〇一八年一月、河野外相は最初の訪問地にこのモルディブとスリランカを選んだ。日本としても、南インド洋の島嶼国家が、このままずるずると中国の影響下に入ることを拱《きょう》手《しゅ》傍観できなくなったからで、インフラ建設への協力を謳った。

しかし米国の長期的戦略は、世界秩序の塗り替えを図っている中国との対決である。これを前提とすれば、南アジア情勢の悪化は中国のシルクロード建設に甚大な悪影響を及ぼすだろう。


モルディブは一一九二の島嶼、岩礁からなり、ＧＤＰは三六億ドルにすぎない。しかも九〇〇余の島々は無人島である。

しかしながら地政学上、インド洋の要衝に位置し、ホルムズ海峡からマラッカへいたるシーレーンの通り道にあるため、海軍の大躍進を続ける中国が目を付ける。

二〇一八年二月六日早朝、首都マレに異様な緊張がただよった。突如、非常事態宣言が出され、警官隊が最高裁判所の周囲を囲んで、最高裁判事らを拘束したのだ。

モルディブ最高裁は拘束中の前大統領を含む「政治犯」の保釈を認め、これを妨害するヤミーン大統領と対立していた。この本質は中国をめぐる利権争いで、要は親中派vs.反中派の壮烈な政争である。

すでに中国は一六の無人島を購入している。将来、モルディブを軍港として利用できる港湾建設を企図しているのは明らかだ。

中国は長期的戦略に基づき、年月《としつき》をかけて着々とモルディブ政界を切り崩してきた。二〇〇一年には朱鎔基《しゅようき》首相が訪問したが、それ以前に軍人の専門家が足繁くモルディブに通い各島を視察していた。二〇一一年に呉邦国《ごほうこく》（全人代委員長＝当時）、二〇一二年に李長春《りちょうしゅん》（政治局常務委員）、そして二〇一四年に習近平がモルディブを訪問した。

中国は南シナ海の岩礁を埋立て七つの人工島を次々と造成し、うちに三つには滑走路も建設した。習近平は「あれは軍事施設ではない」と言い張り、「すべては昔から中国領土であり証拠はある。文句あっか？」。

モルディブの親中派ヤミーン政権に食い入り、マレ空港整備やマラオ島開発、軍事基地租借などの秘密交渉を進めてきた中国はモルディブ観光でもダントツのツアー客を送り込んできた。

歳入が一億ドルなのにモルディブはすでに二〇億ドル弱を中国から借りている。そのうえ土木事業、新空港、道路建設にからむ汚職。背後で地政学上の拠点構築を企図する中国の政治的思惑とプロジェクトが一致すると歴代大統領は北京に挨拶《あいさつ》に行く。

そのくせ「インドとの歴史的友好関係にごうも変化はない」とする常套句《じょうとうく》を付帯させた。モルディブの貿易額は微々たるもので、対中貿易はようやく一億ドルを超えた程度だ。膨大な借金を返せないと中国は当然「担保」を要求する。

「中国の罠だ」と訴える野党を弾圧し、前大統領ら反対派の政治家をごっそりと拘束して独裁的行動をとるヤミーン大統領は昨師走にも北京を訪問、習近平と握手を交わした。

モルディブの対中債務は二〇億ドル弱もあって金利は一二％。返済は不可能だろう。モルディブは二〇一九年に中国へ領土割譲に追い込まれる恐れが強まっている。

こう見てくると南アジア諸国に押し寄せている中国の軍事的脅威は、ＡＳＥＡＮ諸国と同様かそれ以上の凄まじさである。

米国も日本も、この遠隔地にまでは手が回らない。

トランプ政権は中国「華為技術《ファーウェイ》」と中興通訊（ZTE）を締め出した

前から深刻な問題だった。オーストラリアでは政治家への外国からの献金は不法ではなく、中国は高価なローレックスの時計をペアで、じゃかすかと有力な政治家夫妻へ贈呈したり、政治献金も際立っていた。野党がこの問題を鋭く追及してきた。

このため中国の無法な投資やロビィ活動に目を瞑《つむ》ってきたが、国民の怒りが爆発し、ついに首都キャンベラの議会は外国からの政治献金の禁止へ踏み切る（議案は「中国」を名指ししていないが、「外国の献金」はほかの国からほとんどない）。

キャンベラの中国大使館の前では法輪功がテント村を張って、臓器移植問題や法輪功実践者への弾圧を指弾している。言論の自由は確保されているが、シドニー、メルボルンなどの中華街は中国人であふれかえり華字紙新聞も多数が発行されている。街の看板はすべて中国語だ。なにしろシドニーの人口四五〇万のうち、五〇万人が中国人である。

中国企業の華為技術は豪の通信回線ネットワークへの参入を要請し、豪政府は国家安全保障上の理由から拒否した。続いて華為グループはオーストラリアからソロモン諸島への海底ケーブル設置プロジェクトに入札しようとしたが同じ理由で豪政府は拒否した。

戦後、オーストラリア政治は安全保障において米国とは同盟国である。経済関係は中国がダントツのパートナーだったし、この微妙なバランスの綱渡りを演じてきた。石炭と鉄鉱石の鉱区は中国資本が進出し鉄鉱石の国際相場は、中国の需要が決定的要素となった時期もあった。

中国はこの貿易関係を梃子にオーストラリア政治にも嘴《くちばし》を突っ込んできたため、反感を高めてきた。人民日報系の「環球時報」は、「南シナ海の問題で豪政府が米国と一緒になって批判を強めるのは、将来の中豪経済関係に悪影響を与えるだろう」と一種恐喝めいた論説を掲げた。

とはいえ豪政界にはラッド元首相に代表されるような親中派が多く、西北のダーウィン港の中国の九九年間の租借を認めた。またオーストラリアの大学は三九％が外国人留学生だが、そのうちの大半が中国人。また大学と北京の研究所とで最新技術開発の共同研究も進められており、その資金、人材などの面でずっぽりと「中国漬け」になっている。最新技術のほとんどが軍事技術の汎用であり、これが豪のアキレス腱《けん》である。

二〇一八年一月九日、米国政府は華為技術がM&Aによる買収を進めていたAT&Tの子会社案件を「国家安全保障上の理由から認められない」とした。日本人は忘れているが通信は国家主権にかかわる死活的重要要素であり、外国企業の参入は政治学のイロハから言っても許可するほうが怪しいのだ。

米国連邦議会上下院「情報特別委員会」は昨師走二十日に、連邦通信委員会に書簡を送り、華為技術のスマートフォンのネット拡大のためAT&T買収を見直すよう促していた。これは先にもアリババの子会社「アント・ファイナンス」が、電子送金の専門ネットワーク「マネーグラム」買収を直前にストップをかけた事案に続く。

もっとも米国はすでに数年前から華為技術と中興通訊のコンピュータ、通信設備ほかの連邦政府の使用を禁止している。中国は反発を強め「報復措置を講ぜざるをえない」と脅迫的言辞を並べた。

海外プロジェクトでトラブル続出の中国

サイパンへの日本人観光客が急減した。

反対にサイパンへの旅行が急増しているのが中国人ツアーである。香港企業のインペリアル・パシフィック社は、このサイパンの「観光将来性」を見込んで、七一億ドルを投じ、

「インペリアル・カジノ」ホテルを新築中である。

白亜の殿堂のように建物の縁は金で彩られ、アラビアの御殿のようなカジノホテルは九割がたでき上がったところで面妖《めんよう》な問題が浮上した。建築労働者は主として遼寧省からやってきた最下層の人々。人材募集の代理店に騙されて毎月一万五〇〇〇元の賃金が保障されるはずだった。女性の賄い婦にも月九〇〇〇元がもらえるはずだった。中国からの不法労働者は合計二四〇〇名に達していた。

かれらは「観光ビザ」でサイパンへ入国し、いきなり建築現場で働かされる。約束とは違って奴隷のようにこき使われるうえ、長時間労働、まずい食事。しかも契約期間が終わって帰国直前に支払われた賃金は、雀の涙。普通なら泣き寝入り、あるいは中国本土なら暴動である。

舞台はアメリカであった。サイパンは米国の信託統治。法律も米国の労働法が適用される。労働者らは観光ビザというインチキ入国での罰を覚悟しつつも米国の労働監督署に訴え出た。二〇一八年三月七日、裁判の当該裁判所は中国人労働者の不足額合計一四〇〇万ドルの支払いを命じた。このため香港企業は差額の一部を支払い、ほとんどの労働者を遼寧省へ追い返したが、一組の夫婦は支払額に問題があるとして居残りを決めた。

浮上した問題とは何か？

海外のプロジェクトに、中国系企業は中国本土から労働者斡旋《あっせん》代理店を通して、建設労働者を連れて行く。現地において現地人労働者の雇用はない。現地で雇用拡大を期待したスリランカもパキスタンもすべては裏切られた。一部の国々では監督官庁が買収されているため、囚人の労働者が混入していても黙認している。

次に労働者派遣斡旋代理店の阿漕《あこぎ》さ。集めて労働者に高利でカネを貸し付け、報酬金額から差し引く。一年働いても借りた金には利子がかさんでおり、いったい何のために海外へ労働に行ったかわからなくなる。そのうえ、条件がまったく初回契約とは異なって奴隷のようにこき使われ、時間外残業に対しても補償はない。労働者は最初から騙されているのだ。ま、騙されたほうが悪いという中国のメンタリティから言って、こういうケースはよくあることだ。

大東亜戦争末期とそっくりのお粗末な日本

それにしても日本の外交感覚の唐変木たるや、情報のなかった戦前と変わらない。

大東亜戦争が末期に差し掛かったおりに、敗色濃い状況下で、日本のトップはいかなる議論をしていたかを思い出してみよう。

木戸幸一内務大臣は昭和二十年三月に、「ロシアと手を握るがよい。英米に降参してたまるかという機運があるではないか」と発言した。

梅津美治郎《よしじろう》参謀総長は同年二月になした天皇上奏文で「大本営の意見では、米国の方針が、日本の国体を破壊し、日本を焦土にしなければ飽き足らぬのであるから絶対に米国との講和は考えられない。ソビエトは日本に好意を有しているから、ソビエトの後援の下に徹底抗戦して対米戦を続けなければいかない」

同年六月、鈴木貫太郎首相は「ソ連に和平の仲介を頼んでみたらいかがですか。スターリンという人は西郷南洲に似たところもあるようだし、悪くはしないような感じがする」と述べたという（「国民同胞」二〇一八年三月十日号）。

このお粗末な情報空間は、現代とそっくりで「中国とは話せばわかる」「経済面で大いに協力するべきだ」「中国と仲たがいをするような直接の批判を避けよう」「なにはともあれ日中友好は大事だ」という政財界の合唱はまさに戦前の貧窮した情報空間を彷彿《ほうふつ》させる。

高まる日本への防衛圧力

二〇一八年一月十九日、トランプ政権誕生から一年目にあたる日にマティス国防長官はワシントンのジョン・ホプキンス大学で演説し、国防の基本戦略を、その基軸を変更した内容の方針を発表した。

マティスはこれまでの「対テロ戦争」のために戦ってきたアメリカの基本姿勢を後方に押し下げ、中国とロシアの軍事的脅威を正面に捉え直し、この二つの軍事大国が国際秩序を一方的に変えようとしているという認識を示したのだ。

オバマ政権末期に、「ロシアは軍事大国」とする報告に修正されてきたが、この基調を踏襲し、プーチンの軍事的冒険、その秩序への挑戦を正面に捉えた。また中国の軍事力は、南シナ海における軍事行動を念頭に「経済力を用いながら地域の秩序を脅かしている」と し、長期的な対決姿勢のために「アメリカの軍事的優位」の維持と拡大を謳った。北朝鮮とイランは同列に「ならず者政権」と定義し、中国、ロシアに次ぐ脅威と認識していることを示した。いずれにしても従来のテロリスト壊滅のために米国が妥協してきた中国とロシアへの協力姿勢は雲散霧消した。

今後はますます同盟国への防衛分担強化、とくに日本への防衛圧力が強くなると予測される。

米中全面対決時代へ突入

トランプ大統領に経済政策を進言する大統領国家経済会議のゲイリー・コーン委員長は、対中国製品課税強化に抗議する意味を込めて政権を去った。トランプは中国の鉄鋼、アルミ製品に二五％、一〇％の関税をかけると発表した直後だった。コーンはゴールドマン・サックス出身であり、考え方にウォール街偏重のきらいがあった。

新しく国家経済会議委員長に指名されたのはラリー・クドローである。クドローは中国へ高関税を課すのは「当然の罰」であり、「なぜなら中国は国際的貿易ルールを守ってこなかったからだ」とCNBCの番組で堂々と強硬なコメントで言ってのける対中タカ派のチャンピオンである。

まして中国への貿易戦争では「ブッシュ政権が対イラク戦争で『多国籍軍』を形成したように、対中貿易戦争の多国籍軍を形成するべし」と発言してきた。クドローは自由貿易に懐疑的であり、一貫してトランプのアンチ・グローバリズムを支持してきた。大きな政府は不要というレーガン流の思考回路の持ち主。このポストは上院の指名承認が要らない。

国務省からは対中宥和《ゆうわ》派のティラーソンが去り、ポンペオCIA長官が就任することに決まった。これで大統領通商政策局長のピーター・ナヴァロ、USTR（アメリカ合衆国通商代表部）代表はやはり対中強硬派のロバート・ライトハイザーらとともに対中タカ派が政権に勢揃いした。

米国と中国は対決時代に入ったのである。

【著者プロフィール】
宮崎正弘　（みやざき　まさひろ）
評論家
1946年金沢生まれ。早稲田大学中退。「日本学生新聞」編集長、雑誌『浪曼』企画室長を経て、貿易会社を経営。82年『もうひとつの資源戦争』（講談社）で論壇へ。
国際政治、経済などをテーマに独自の取材で情報を解析する評論を展開。中国ウォッチャーとして知られ、全省にわたり取材活動を続けている。
中国、台湾に関する著作は5冊が中国語に翻訳されている。
代表作に『連鎖地獄――日本を買い占め世界と衝突し自爆する中国』『日本が全体主義に陥る日』『激動の日本近現代史――歴史修正主義の逆襲』（ビジネス社）、『中国大分裂』（ネスコ）、『出身地で分かる中国人』（ＰＨＰ新書）『習近平の独裁強化で、世界から徹底的に排除され始めた中国』(徳間書店）など多数。最新作は『米国衰退、中国膨張。かくも長き日本の不在』（海竜社）。

アメリカの「反中」は本気だ！

2018年6月9日　第1刷発行

著　者　宮崎正弘
発行者　唐津　隆
発行所　株式会社ビジネス社
〒162－0805　東京都新宿区矢来町114番地
神楽坂高橋ビル5F
電話　03－5227－1602　FAX 03－5227－1603
URL　http://www.business-sha.co.jp/

〈カバーデザイン〉坂本泰宏
〈本文DTP〉茂呂田剛（エムアンドケイ）
〈印刷・製本〉モリモト印刷株式会社
〈編集担当〉佐藤春生〈営業担当〉山口健志

ISBN978-4-8284-2032-5